四川文化读本

SICHUAN WENHUA DUBEN

主 编 艾 莲

四川大学出版社

项目策划：邱小平　李施余
责任编辑：陈　蓉
责任校对：李施余
封面设计：墨创文化
责任印制：王　炜

图书在版编目（CIP）数据

四川文化读本 / 艾莲主编. — 成都 : 四川大学出版社，2019.12
（四川系列读本）
ISBN 978-7-5690-3329-8

Ⅰ. ①四… Ⅱ. ①艾… Ⅲ. ①文化史—四川 Ⅳ. ①K297.1

中国版本图书馆 CIP 数据核字（2020）第 004840 号

书名　四川文化读本

主　　编	艾　莲
出　　版	四川大学出版社
地　　址	成都市一环路南一段 24 号（610065）
发　　行	四川大学出版社
书　　号	ISBN 978-7-5690-3329-8
印前制作	四川胜翔数码印务设计有限公司
印　　刷	四川盛图彩色印刷有限公司
成品尺寸	170mm×240mm
插　　页	2
印　　张	10.5
字　　数	151 千字
版　　次	2020 年 9 月第 1 版
印　　次	2020 年 9 月第 1 次印刷
定　　价	78.00 元

扫码加入读者圈

◆ 读者邮购本书，请与本社发行科联系。
电话：(028)85408408/(028)85401670/
(028)86408023　邮政编码：610065
◆ 本社图书如有印装质量问题，请寄回出版社调换。
◆ 网址：http://press.scu.edu.cn

四川大学出版社
微信公众号

作者简介

艾莲：四川省社会科学院文学与艺术研究所所长、研究员。先后在《社会科学研究》《当代文坛》《西南民族大学学报》（人文社科版）和《四川师范大学学报》（社会科学版）等CSSCI来源期刊发表论文10余篇，主持并完成省部级课题2项，两次获得四川省哲学社会科学优秀成果奖。

黄维敏：四川省社会科学院文学与艺术研究所研究员，博士。先后在《社会科学研究》《当代文坛》《西南民族大学学报》（人文社科版）和《四川师范大学学报》（社会科学版）等CSSCI来源期刊及中文核心期刊发表论文20余篇，出版专著《晚明清初通俗小说中的服饰时尚研究》，承担4项省部级课题和横向调研课题，具有较深的学术造诣。

彭东焕：四川省社会科学院文学与艺术研究所助理研究员。主要从事古代文献与巴蜀文化研究，曾出版专著《魏了翁年谱》《碧鸡漫志笺证》等，并参与完成普及类著作《唐诗三百首（注释辑评）》《牢记古诗文》《新理念小学生对联辞典》《美丽的文化记忆：四川古镇掠影》等。

李昊：四川省社会科学院文学与艺术研究所助理研究员，博士。主要从事古代文学文献研究，在《社会科学研究》《当代文坛》和《四川大学学报》（哲学社会科学版）等CSSCI来源期刊发表论文4篇，出版专著《焦氏易林研究》。

赵泓：西南交通大学人文学院2018级博士研究生，四川省社会科学院文学与艺术研究所助理研究员。主要从事传媒与文化研究，曾在《光明日报》《社会科学研究》等报纸和期刊上发表论文，主持2项院级课题，参与多项省部级课题。

读本简介

《四川文化读本》分历史沿革（沿革篇）、学术源流（发展篇）、文献典籍（文献篇）、文化遗存（遗产篇）、文化产业（产业篇）、名人乡贤（名人篇），对四川文化进行深入浅出、通俗易懂、点面结合的介绍。附录则包括四川文化之最（如：最早方志、最早纸币、第一部官刻佛经等）、四川文化大事记等。

序　言

四川地区是中华文明的重要发祥地之一，文化底蕴深厚、历史悠久绵长，为中华文明进步和文化发展作出了巨大贡献。

早在距今5万至1万年间，四川地区就有“资阳人”活动。近代以来，三星堆、金沙等遗址的考古发现，渐渐揭开了古蜀神话传说的迷雾，证明古蜀王国在商周时期甚至更早，已经形成了辉煌灿烂的古蜀文明。

秦并巴蜀，蜀守李冰父子率众兴建的都江堰，使成都平原成为水旱从人、沃野千里的“天府之国”。汉承秦制，文翁兴学，出现了“文翁倡其教，相如为之师，其学比于齐鲁”的学术盛况。隋唐设剑南道，四川经济文化发展迅速，文学艺术出现了空前繁荣的局面，丝织、造纸、雕版印刷、制瓷、制盐、矿冶均很发达，闻名海内。益州（成都）与扬州并以繁华著称，号为“扬一益二”。安史之乱，黄巢起义，唐玄宗、唐僖宗均避乱蜀中，这一时期成都被称为“南京”（即大唐南京）。宋代设益州、梓州、利州、夔州四路，简称“川峡四路”，四川由此得名。在宋代，四川税粮占全国的三分之一；蜀锦“穷工极巧”；印刷业居中国首位，成都还印刷了世界上第一张纸币——交子。在世界经济史、印刷史和美术史上，四川都留下了灿烂的篇章。同时，四川学术繁盛，有“蜀学之盛，冠天下而垂无穷”的赞誉。清光绪初年，四川学政张之洞创立尊经书院，为昌明四川地区的学术文化奠定了雄厚的基础，培育出众多精英人才，形成了蜀学复兴的局面。

四川山清水秀，人文繁盛，自古迄今，代有人才。如周代的苌弘，西汉的落下闳、扬雄，宋代的张思训、黄裳，明代的周洪谟等。落下闳曾在家乡阆中城北蟠龙山建立了我国最早的观象台，创制了世界上第一台浑天仪，发明了我国历史上第一部有明确文字记载的历法——《太初历》。

文学方面，四川的汉赋曾独步天下，蜀中有汉赋三大家：司马相如、王褒、扬雄。被誉为“诗仙”的唐代大诗人李白幼时便随父迁居四川；被誉为“诗圣”的杜甫，其创作的成熟期就是在四川。宋代四川有名列“唐宋八大家”的眉山三苏父子。明清以来，杨慎、张问陶、李调元、李劼人、郭沫若、巴金等，均是具有全国性乃至世界性影响的文学大家。国学大师梁启超曾说：“我国里头四川和江西，向来是产生大文学家的所在。”

史学方面，如常璩、陈寿、范祖禹、李焘、李心传，在中国史学史上做出过卓越贡献，刘咸炘认为：“隋前成书仅存十数，蜀得其二”，“唐后史学莫隆于蜀”（《蜀学论》）。

经学方面，如扬雄、魏了翁、刘沅、廖平，均可称为名重当世、嘉惠后来之杰出人物。

四川是一个多元文化并存的区域。首先，四川为多民族聚居地，其中汉族、彝族、藏族、羌族、苗族、回族、蒙古族、土家族、傈僳族、满族、纳西族、布依族、白族、壮族、傣族等为省内世居民族。川西横断山脉地区，有数十个民族先后迁徙至此生息、繁衍和融合，故有“民族走廊”之称。其次，儒释道融合发展。道教创始于四川，佛教在四川得到广泛传播，并产生了数不尽的高僧大德，著名的文化古迹更是遍布全川，留下了丰富的文化遗产。此外，四川与外来文化有充分的交融互动，如四川是西部客家语系大省，自明末清初“湖广填四川”以来，逐步形成了以龙泉驿区为核心的客家聚居区，人口总数达50万，较好保留了客家语系和生活文化。历史上大凡中原战乱之际，就有大量的知名学者避乱入蜀，不断为蜀地输入新鲜血液，极大丰富了巴蜀文化内涵。

海纳百川，有容乃大。历史原因造就了四川兼容并包的文化特质，也让四川的历史文化更加灿烂辉煌。

《四川文化读本》试图以一种深入浅出的方式，向读者提供了解四川文化发展概貌的文本。在有限的篇幅内涉及四川文化的方方面面，难免会有挂一漏万之失，谨望读者指正。

目录

第一章

历史沿革

四川文化读本

一、古蜀部族

在中国第一个朝代夏朝建立之前，四川地区就已经有人进行生产活动，并发展出了较高程度的文明。根据史籍文献明确记载，古蜀的部族分别有蚕丛、柏灌、鱼凫，此后经历了杜宇、开明两个朝代。《太平御览》卷八八八引扬雄的《蜀王本纪》载："蜀王之先名蚕丛，后代名曰柏濩[①]，后者名鱼凫。此三代各数百岁，皆神化不死，其民亦颇随王化去。后有一男子，名杜宇……乃自立为蜀王，号曰望帝。"[②]常璩在《华阳国志·蜀志》中更明确地指出："（帝颛顼）封其支庶于蜀，世为侯伯，历夏、商、周。"书中又载："周失纲纪，蜀先称王，有蜀侯蚕丛，其纵目，始称王……次王曰柏灌，次王曰鱼凫……后有王曰杜宇，教民务农。"蚕丛、柏灌、鱼凫作为古蜀史上的三代"蜀王"，为古蜀

① 《华阳国志》《太平御览》等皆称"柏灌"，独《蜀王本纪》作"柏濩"，本书叙述从"柏灌"。

② 李昉等．太平御览[M]．北京：中华书局，1960：3944．

文明的发展作出了重要贡献。但文献中并未明确交代从蚕丛到鱼凫是否为相继的情况，三代蜀王时期是否是一个统一的国家，到鱼凫时蜀国已经存在多少年等相关问题。目前学界倾向于认为三代蜀王应该是来源于多个族群，三者之间并非承袭关系，而是各部族各自发展。

（一）蚕丛部族

蚕丛这个部族最早并不居住在四川，学界认为，上古西南的大部分民族是居住在今四川甘孜、阿坝及青海、西藏等地的古羌族。公元前5世纪左右，他们向东迁移，其中一支进入岷山，后进入成都平原。章樵注《蜀都赋》引《蜀王本纪》云："蚕丛始居岷山石室中。"这个部族最早是食虫部落，以野蚕为食物，后来才发现这些野蚕能吐丝结茧，就加以利用。蚕丛这个部族的名字和"蜀"这个字一样，跟野蚕相关。"蜀"指单个的蚕，而聚

图 1-1　三星堆出土的纵目面具

集在一起的蚕，则曰“蚕丛”。蚕丛这一族人，眼睛生得很特别，眼球向前突出于眼眶十几厘米，即“纵目”。这一点在三星堆遗址出土的青铜纵目面具上便能看出。蚕丛部族首领死后，用石棺下葬，其他人便都仿效他的做法。后人称这种埋藏石棺的坟为纵目人冢。近年在汶川、理县一带发现的石棺葬习俗，印证了蚕丛部族的传说。

（二）柏灌部族

柏灌是非常神秘的一位蜀王，关于柏灌部族的传说不多，史实茫昧。这一部族可能是由岷江上游向成都平原迁徙而来。在今天的温江寿安镇长青村，有个占地2000多平方米、高 3 米的圆形土丘，《温江县志》记载说，此地“历代相传为蜀王柏灌之墓”。柏灌部族在史书典籍上没有多少记载，据传3000年前的夏朝，今山东省寿光市东北一带有一个斟灌氏部落，自称大禹后人，从遥远的地方迁徙而来，是夏王朝的亲属。这个传说被考古学家视为破解柏灌之谜的钥匙。有学者认为柏灌在蜀地的时间并不长，被夏征服后，一直随夏东迁，直到山东一带，改名为斟灌氏，并奉大禹为祖先。

（三）鱼凫部族

鱼凫的最早记录可追溯到《山海经》。《山海经・大荒西经》载：“有鱼偏枯，名曰鱼妇。颛顼死即复苏。风道北来，天乃大水泉，蛇乃化为鱼，是为鱼妇。颛顼死即复苏。”文献所指鱼妇即鱼凫，为颛顼所化，说明其为颛顼的后代。学界认为，鱼凫氏为氐羌族的一支，兴起于岷江上游，早期以渔猎为生。关于鱼凫氏的活动范围，《华阳国志・蜀志》记载：“鱼凫王田于湔山，忽得仙道，蜀人思之，为立祠。”湔山的具体位置尚存争议，但较为普遍的说法是在现在的成都平原一带。鱼凫氏以此地为早期在成都平原的重要落脚点，并开始向周边地区扩张自己的势力。成都温江也是鱼凫氏族一个较长时期定居生活之地，现温江城北近8千米处仍有“古鱼凫城”。清嘉庆年间成书的《四川通志》载：“鱼凫城在县（温江县）北十里，相传古鱼凫氏所都。”又载：“大墓山在县北二十五里。土人云：是鱼凫王墓。”均说明鱼凫王在温江一带有所活动。

文献显示，三个蜀王之间曾经爆发过部落之战。《蜀王本纪》载：“此三代各数百岁，皆神化不死，其民亦颇随王化去。”可以看出，三部族之间进行了战争，有的部族战败了，一部分部众成为胜利者的臣民，另一部分则随着其部族首领逃亡于别地。这一系列的战争中，鱼凫是最终的胜利者，他实现了对蜀的统治，建立了一个强大的古蜀王国。这一点，考古资料也可以进行较好的佐证，三星堆遗址出土的大量文物就集中反映了鱼凫的相关文化，如出土陶器中的鱼鹰头像、鸟头勺柄，几乎反映不出蚕丛氏的文化特质。这说明在以三星堆为代表的古蜀文明时期，蚕丛政权已不复存在。

（四）杜宇政权

大约在公元前6世纪，来自云南昭通的杜宇率族打败鱼凫王朝，开始在蜀地称王，又称望帝，建都于郫。《蜀王本纪》载：“后有一男子，名杜宇，从天堕，止朱提……乃自立为蜀王，号曰望帝。”这就说明杜宇族是一个外来氏族，凭借强大的实力，征服了蜀地。望帝倡导农业，“教民务农”，传播了先进的农业生产技术，深得民心。

（五）开明政权

开明氏来自荆楚地区，其首领是鳖邑之长，称鳖灵或者鳖令。鳖灵最初是望帝杜宇的相，因治水有功得王位。《华阳国志》说“法尧舜禅授之义，遂禅位于开明”。另一种说法认为杜宇经争斗后“国亡”，“欲复位，不得，死化为鹃”，即“杜鹃啼血”传说的由来。开明政权初定都双流，后迁成都。此后成都一直是川西地区的政治经济中心。鳖灵号曰丛帝，首次对岷江进行了治理，在他的领导下，蜀王国逐渐进入全盛时期。开明政权维持了350多年，传11世，历12王，于公元前316年为秦所灭。公元5世纪，蜀人在今郫都区西南修建了望丛祠，以纪念望帝和丛帝。

二、秦并巴蜀

公元前368年，开明政权第九代蜀王杜尚封他的弟弟杜葭萌为汉中侯，杜葭萌建立了苴国。苴国作为蜀国的附属国，每年要向蜀国纳贡。到了开明政权十二世，蜀国已经成为疆域辽阔的大国，东至嘉陵江，西到峨嶓（今雅安市芦山县），南至于越（今贵州省），北达汉中。但是苴国与蜀国渐渐疏远，几代之后最终不再纳贡，完全脱离蜀国，并与巴国关系密切起来。蜀国和巴国虽是邻国，但自建立后，经常因为领土问题发生战争。当时的蜀王杜芦不满苴国的所作所为，于公元前316年准备伐苴。苴国向巴国求救，巴国则向北边的秦求救。这期间，周王室势力衰弱，有名无实，诸侯国之间互相攻伐，秦国逐渐强大。蜀国因富庶广袤成为秦统一天下首先攻取的对象，秦国当时的国君秦惠文王早就想攻打蜀国了。公元前316年，趁蜀巴两国战乱之际，秦惠文王派遣张仪、司马错率军入蜀。蜀王亲自领兵，在葭萌（今四川省广元市昭化镇）御敌，但是被秦军打败了。蜀王败走，在武阳（今四川省眉山市彭山区）被秦军杀害，蜀国的丞相和太子退至逄乡继续抵抗，也被打败了，死于白鹿山上，蜀国灭亡。随后，张仪、司马错又东进攻占江州，巴王被俘，巴国灭亡，苴也被一并灭了。

秦并巴蜀后，在巴蜀地区进行了一系列的改革政策。

首先是政治制度的改革，推行郡县制以取代分封制。公元前314年，秦在原巴国地区设置巴郡；在蜀地，最初实行郡县制与分封制并行的过渡政策。秦惠文王封原蜀国的公子通为蜀侯，同时派张若为蜀郡太守。在此后的三十余年间，分封的蜀侯四次叛乱。公元前285年，秦昭襄王废除了蜀侯，改置蜀郡。郡设郡首和郡尉，郡首掌郡治，郡尉辅佐郡首并管理地方武装。郡下设县，万户以上的县行政长官称县令，不足万户的称县长。其下设县丞、县尉，辅佐县令或县长。少数民族较多的县则称“道”。四川因此成为除秦国本土外，中国最早设立郡县的地区。

其次是经济制度的改革。《汉书·地理志》说：“孝公用商君，制辕田，开阡陌……孙昭王开巴蜀”，推行商鞅的“废井田、开阡陌”的办法，实行统一的《秦田律》，允许土地的自由买卖，确立封建土地私有制，推广先进的耕作技术，促进巴蜀农业生产。此外，还实行了各种赋税，确立了封建的生产关系，四川地区开始进入封建社会。

再次是兴建城市。公元前311年，蜀郡太守张仪仿照咸阳设计了新的成都城、郫城和临邛。成都城“周回十二里，高七丈”，郫城“周回七里，高六丈”，临邛“周回六里，高五丈”。城墙的下部用作粮仓，城上建有多座观楼和射栏。成都城内分为两部分：大城和少城。西为少城，因最早发展且最小故称“少”，为铁官、盐官、市官等商业机构所在地，是成都的商业区域；东为大城，在少城之后发展起来，是政府机构如蜀侯、蜀相和蜀郡太守的治所，同时也是居住区域，是成都的政治中心。这种独特的“二城并列”格局被称为“层城”或“重城”，承续了两千多年，是中国古代城市格局的重要类型之一。

秦在四川地区的另一项重要措施是移民入巴蜀。《华阳国志·蜀志》说“戎伯尚强，乃移秦民万家实之”，就真实地反映了这一状况。这项政策即使在秦灭六国后仍继续实行，将六国的富豪大户迁往蜀地。这些移民中有经商者、铸造者等，在文献中均有记载。《史记·货殖列传》中记载了汉代成都临邛（今邛崃市）的冶铁大户卓氏家族：“蜀卓氏之先，赵人也，用铁冶富。秦破赵，迁卓氏……富至僮千人。”类似的还有与卓氏同时被迁往临邛的程氏、郑氏两个家族：“程郑，山东迁虏也，亦冶铸，贾椎髻之民，富埒卓氏，俱居临邛。”这几个家族都是利用临邛附近丰富的铁矿资源，开采冶炼，铸造生产各种铁器，远销各地，获得了丰厚的利润，成了蜀中的大富户。各国移民将本国的冶铁技术与农耕方法带入蜀地，对蜀地的经济、技术发展起到了积极的推动作用，使巴蜀地区的手工业得到了迅速发展，而且客观上促进了区域文化之间的融合。

在秦治理巴蜀期间，四川地区的经济、社会各项事业得到了迅速的发展，其中最著名的莫过于都江堰的兴建。

公元前256年，李冰为蜀郡太守。他充分吸收了前人的治水经验，因地制宜，根据成都的地形特点主持修建了都江堰水利工程。

在都江堰修建之前，成都地区“水旱不由人”，灾害频发。都江堰地处岷江由险峻的山谷河道进入低缓的冲积平原的地方。岷江上游地势陡峻，水流较快，相对于成都平原，它属于“地上悬江”，倾斜严重，进入成都平原，则水速突然减慢，夹带的沙石容易沉积下来，淤塞河道。因此雨季易发水害，雨水不足时，又会造成旱灾。都江堰的修建，首先是打通玉垒山，使岷江能够从西流到东，减少西边的水量，缓解东边的干旱。因此，李冰派人在玉垒山凿出一个长80米、宽20米、高40米的山口，因形似瓶口，故名“宝瓶口”，凿出的石堆叫“离堆”。第二步是修建分水堰，使江水能够顺利流入地势较高的东边，因分水堰前端形似鱼头，又名“鱼嘴”。鱼嘴将江水分为东西两个流向：西为外江，沿岷江顺流而下；东为内江，流入宝瓶口，起分洪和灌溉的作用。第三步是修建飞沙堰，位于鱼嘴分水堤的尾部，目的是进一步控制流入宝瓶口的水量，防止出现水量不稳定的情况。为了观测水位，李冰还在进水口立了三个石人，标准是“水竭不至足，盛不没肩”。

都江堰建好后，成都平原从此“水旱从人，不知饥馑，时无荒年”，沃野千里，被冠以“天府之国”的美名，成为中华民族最稳定的大后方。毫不夸张地说，都江堰是世界水利史上的一大奇迹，代表了当时我国水利技术的先进水平。自有人类文明以来，全世界建有不计其数的水利工程，许多与都江堰同时代或晚于它的水利工程都因为种种原因被废弃了，都江堰是目前唯一留存于世的无坝引水工程，并且一直发挥着巨大的作用，成为当之无愧的“世界水利文化的鼻祖”。余秋雨评论道：“中国历史上最激动人心的工程不是长城，而是都江堰。有了它，旱涝无常的四川平原成为天府之国，每当我们民族有了重大灾难，天府之国总是沉着地提供庇护和濡养。可以毫不夸张地说，它永久性地灌溉了中华民族。”

在修建都江堰的同时，李冰还疏浚治理了成都的几大水系，据《华阳国志》载是“带二江之双流”，即郫江（府河）和检江（南河）。二江沿城西南角并列东流至成都，是岷江的内江在成都城中的主要河段，从而形成了后来著名的“二江经济带”和“南市”的商业繁华景象。这种形势持续了一千多年，直到晚唐时才形成新的“二江抱城”格局。

秦还对四川的陆路交通进行了整治。在川陕边境修建了褒斜道和石牛道，使“千里栈道，通于蜀汉”。其中褒斜道是秦昭王时期范雎主持修建的。它南起褒谷口（今汉中褒城），北至斜谷口（今眉县斜峪关口），循褒水和斜水而行，经衙岭山，连接褒斜二河谷，又称斜谷路，全程249公里，被誉为“蜀道之冠”，是蜀道中历史最久、使用率最高的一条。

秦并巴蜀前，蜀国一直被认为是“南夷”之地。《汉书·地理志》明确记载：“巴、蜀、广汉本南夷，秦并以为郡。”秦并巴蜀后，蜀人逐渐从“南夷”中淡出，蜀地逐渐为中原文化所接纳，真正归入了中华文明的历史进程。

三、公孙述据蜀

西汉元帝时期，王皇后的侄子王莽逐渐把持朝政。公元9年，王莽废掉年仅6岁的皇帝刘婴，自己登上皇帝宝座，建立“新”朝。由于一味复古，改变汉制，繁重的赋税加重了人民的负担，社会矛盾激化，引起各地农民大起义。公元25年，刘秀称帝，建立东汉。在这期间，四川曾有过一个独立政权，长达12年，即成家王朝。它由第一位在四川称帝的蜀郡太守公孙述建立。公孙述（？—36年），字子阳，扶风茂陵（今陕西省兴平市）人。

公孙述早期为清水（在今甘肃省清水县）县长，政事处理得很好，社会治安良好。王莽篡汉，将郡守改为卒正。公孙述投靠王莽，担任导江卒正（原蜀郡太守），治所在临邛（今四川省邛崃市）。

王莽末年，天下纷扰，群雄逐鹿，各地进行割据。公元23年，更始帝刘玄即位，建立更始政权，各地豪杰起兵响应，南阳人宗成自称“虎牙将军”；王岑起兵于雒县，自称“定汉将军”，杀了王莽的庸部牧以响应宗成，众合数万人。公孙述也使人诈称有汉使者从东方来，命他暂时代理辅汉将军、蜀郡太守兼益州牧，并逐步将蜀中的起义军全部消灭。

更始二年（24年）秋，更始帝派柱功侯李宝、益州刺史张忠，率领兵众万余人攻蜀。公孙述派他弟弟公孙恢，在绵竹大败李宝、张忠，并将他们赶走。

光武帝建武元年（25年）四月，公孙述自立为帝，国号成家（一作大成），年号龙兴；以李熊为大司徒，以其弟公孙光为大司马，公孙恢为大司空；改益州为司隶校尉，蜀郡为成都尹。依靠肥沃富饶的土地，精强的兵力，易守难攻的地势，许多远方的民众都来归附成家，西南的一些少数民族也来进贡。越嶲（今四川省凉山彝族自治州西昌市）的任贵杀死王莽时所任命的大尹枚根而占据其郡，随后投降公孙述。关中群雄如吕鲔等大多也投奔他。公孙述任命吕鲔为将军，修建营垒，练习战射，积聚粮食，修筑宫殿，并设立公卿百官；安排将军侯丹开白水关，北守南郑；将军任满从阆中下江州，东据扞关。成家王朝的统治范围扩大至益州全境。

建武三年（27年），公孙述派将李育、程乌率军数万，联合吕鲔进攻三辅。刘秀派征西大将军冯异讨伐，吕鲔败北，撤退至汉中。建武五年（29年），拥有数万兵力的延岑、田戎均被汉兵打败，二人逃亡入蜀。公孙述以延岑为大司马，封汝宁王，封田戎为翼江王。

建武六年（30年），公孙述派遣田戎与将军任满出江关，下临沮、夷陵间，招其故众，想攻取荆州诸郡，但没能攻克。

在称帝期间，公孙述废除铜钱，置铁官以铸钱。蜀地童谣说："黄牛白腹，五铢当复。"因王莽称"黄"，公孙述自号"白"，五铢钱是汉货，故民间流传天下当还刘氏。公孙述的理解正相反，他认为孔子作《春秋》，为赤制而断十二公，说明汉高帝至汉平帝已经过了十二代，刘家历数已完，不会再受命为帝。又以《录运法》之"废昌帝，立公孙"和《括地象》之"帝轩辕受命，公孙氏握"等提到的"公孙"为例来证明自己是正统，可以取代刘氏、王氏；又说自己手纹有奇，得以建元龙兴之瑞。

光武帝写信劝降公孙述说："图谶言'公孙'，即宣帝也。代汉者当涂高，君岂高之身邪？乃复以掌文为瑞，王莽何足效乎！君非吾贼臣乱子，仓卒时人皆欲为君事耳，何足数也。君日月已逝，妻子弱小，当早为定计，可以无忧。天下神器，不可力争，宜留三思。”意思是图谶上讲的“公孙”是汉宣帝。代汉的是当涂高，你难道是当涂高吗？你以掌纹为瑞，王莽有什么可以效法的呢！你不是乱臣贼子，仓卒时人人都想当上皇帝，有什么可责备的呢？你年事已高，妻子儿女弱小，应当早点为自己打算，解除忧虑。天子的帝位，是不可力争的，要三思啊，公孙述未作答复。

公元31年，当时的另一割据势力隗嚣向公孙述称臣。公孙述封其为朔宁王。建武八年（32年），刘秀派兵进攻隗嚣，公孙述派遣李育率领万余人救隗嚣。隗嚣兵败，李育也全军覆没。消息传回，蜀地十分震惊。成都城外有秦朝时修建的旧粮仓，公孙述将它改名为白帝仓，自王莽以来常常空着。因兵败的事情，公孙述想安定众心，便使人在城中散步传言称白帝仓出谷如同小山一般，百姓们前往观看。公孙述召集群臣问道：“白帝仓出了谷吗？”群臣都说：“没有。”公孙述道：“讹言不可信，传言隗嚣已破灭也是一样。”很快隗嚣将领王元投奔蜀，公孙述任命其为将军。

建武九年（33年），公孙述派遣王元和环安据守河池，同时派遣田戎、任满、程泛领兵到江关，攻占了巫、夷陵、夷道，据守荆门等地。

建武十一年（35年），汉征南大将军岑彭发起进攻。任满等大败，其手下将领王政取了任满的首级向岑彭投降。田戎走保江州。各个城邑都开门向岑彭投降，岑彭如入无人之境，一路顺利到达武阳。光武帝给公孙述写信陈述利弊，并表明君无戏言。公孙述看完信后，长吁短叹，把信拿给亲信太常常少、光禄勋张隆看。二人看完信都劝公孙述投降。公孙述却认为，兴废都是命，天子哪能投降呢！汉中郎将来歙攻打王元、环安，环安派刺客杀了来歙，公孙述又差人刺杀了岑彭。

建武十二年（36年），汉军大司马吴汉、辅威将军臧宫相继打败了公孙述的弟弟公孙恢和女婿史兴，二人战死。经此一役，将帅恐惧，叛逃较多。公孙述不得已下了死命令，投降者就杀其全家，仍不能禁止。光武帝又下诏书劝降公孙述，并承诺不追究来歙、岑彭的死，只要如期归降，就保证其家族周全。公孙述仍坚持不降。

当年九月，吴汉又斩其大司徒谢丰、执金吾袁吉，汉兵进围成都。公孙述募得五千多人成立敢死队，一方面，敢死队配合延岑，佯树旗帜，虚张声势，鸣鼓挑战，另一方面,公孙述派人偷袭吴汉的军队。吴汉坠马落入水中，抓着马尾巴侥幸逃出。到了十一月，臧宫领军到咸门。公孙述找人算了一卦，卦上说“虏死城下”。他大喜过望，认为卦辞说的是吴汉等会死于城下。于是他亲自率领数万人攻打吴汉，派延岑抗击臧宫。交战了几次，延岑都获得了胜利。公孙述的军士从清晨到日中都无粮食供给，又饿又累，吴汉发动突袭，公孙述兵士大乱。混战中，公孙述胸部中枪，坠落马下。左右将他救回城内，他把兵权交给了延岑，晚上就去世了。次日一早，延岑率兵向吴汉投降。吴汉下令杀了公孙述全家，并把延岑全族也杀了，还放火焚烧了公孙述的宫室。光武帝得知后大怒，谴责了吴汉，并下诏书追赠常少为太常，张隆为光禄勋，以太常和光禄勋的仪礼改葬之。凡是忠节之人，都受到了表彰，有才干的人如程乌、李育都受到了提拔。自此，蜀地归东汉。

四、川峡四路

公元960年，后周禁军统领赵匡胤发动兵变，在开封建立了宋朝，史称北宋。公元964年，宋军分两路进攻后蜀。后蜀皇帝孟昶派兵抵抗，但蜀军节节败退，州县接连失守。剑门失守后，太子孟玄喆逃回成都。两路宋军先后抵达成都，孟昶不得已投降，后蜀亡，其地被纳入北宋版图。

北宋在地方设立路、州（府）、县三级行政区划管理。最初置成都府为“西川路”。公元1001年，宋朝对地方行政区划进行了一次调整：将西川路、峡路又划分为益州路、梓州路、利州路、夔州路，治所分别为今之成都、三台（南宋迁至泸州）、广元（北宋末迁至汉中）和奉节，总称“川峡四路”，简称“四川路”，“四川”作为行政区划由此得名。宋徽宗大观三年（1109年）的诏书中，就正式出现了“四川”一词，这是将四川作为行政区划简称的最早记载。宋朝川峡四路的行政面积包含了今天的四川、重庆、陕西汉中、湖北恩施、甘肃和贵州部分地区。

川峡四路物产丰富、人口众多，是宋朝重要的经济区之一，尤以成都最为突出。马可波罗13世纪到达成都时说：“有一大川，经此大城，川中多鱼……水上船舶甚众，未闻未见者，必不信其有之也……世界之人无有能想象其甚者。”北宋成都人范百禄写道：“成都，蜀之都会，厥土沃腴，厥民阜繁，百姓浩丽，见谓天府。缣缕之赋，数路取赡，势严望伟，卓越他郡。”[①]可见当时成都之繁华。成都府的人口接近整个川峡四路的一半，“是全国人口密度最高的地区”[②]。由于物产丰富，宋代初期朝廷大肆掠夺四川的资源，派驻四川的官员大都贪污自肥，压迫川人，导致四川大大小小的农民起义近20次之多。宋将王全斌进入四川后，贪得无厌，致群情激愤。原后蜀刺史全师雄率领“兴蜀军”起义，占领了灌口、新繁等地，反宋坚持近1年，后被宋军打败，全师雄病死金堂。这次起义失败后，阆中、巴县、绵州等地相继发生了农民起义，均被宋朝军队镇压。宋太宗淳化年间，政府以纳贡的名义掠夺布帛，并专门设置了“日进纲”和“博买务”等机构，禁止民间交易，导致大量农户破产。许多茶商难以为继，故而发生了著名的王小

① 范百禄. 成都古今集记序[M]//杨慎. 全蜀艺文志. 刘琳，王晓波，点校. 北京：线装书局，2003.

② 贾大泉. 宋代四川经济述论[M]. 成都：四川省社会科学院出版社，1985.

波、李顺起义。公元993年，茶农王小波打出了“吾疾贫富不均，今为汝均之”的口号在青城县（今都江堰市西南）起义，短短几天之内就集结了数万人，攻克青城、彭山等县。后王小波受伤牺牲，其妻弟李顺被推举为首领，起义军继续攻克邛州等地，队伍壮大到数十万人。994年起义军攻占了成都，李顺称大蜀王。在遭到北宋官兵的多次阻击后，起义失败。这些起义在一定程度上警示了宋朝统治者，为四川的经济发展争得了有利环境。

宋代中央政府派驻在川峡四路的地方行政官，名为“四川宣抚使”“四川制置使”等，官职名中均使用了简称“四川”。在具体实施时，中央高度重视成都的地位，将成都知府的选任和川峡四路联系起来，南宋则是以四川安抚制置使兼任成都知府，由整个四川军政长官坐镇成都，地方政府权力空前强化。总之，成都是川峡四路的政治枢纽，而成都府的官员具有“事有大可革者，奏后始行；其有从权而合议者，先行后奏”①的特权。

至元二十三年（1286年），元朝合并四路，设置“四川等处行中书省”。宋濂的《元史·地理志》曰：“行中书省十有一：曰岭北，曰辽阳，曰河南，曰陕西，曰四川，曰甘肃，曰云南，曰江浙，曰江西，曰湖广，曰征东。”四川等处行中书省，辖今四川省大部、湖北省的西南部和贵州省的东北部，简称“四川行省”或“四川省”。自此，四川这一名称作为蜀地的行政称谓被正式沿用。

除了上述的四川之名，四川还有一个别称——“天府之国”。天府之国这个词最早指关中平原。《战国策·秦策》中这样描述：“大王之国……田肥美，民殷富，战车万乘，奋击百万，沃野千里，蓄积饶多，地势形便，此所谓天府，天下之雄国也。”《史记·留侯世家》中说：“关中左崤函，右陇蜀，沃野千里……此所谓金城千里，天府之国也。”而将“天府”之美名

① 江少虞．宋朝事实类苑[M]．上海：上海古籍出版社，1981．

冠诸四川的，则是三国时期诸葛亮的《隆中对》：“益州险塞，沃野千里，天府之土，高祖因之以成帝业。”益州包含今四川川西部分，重庆，云南，贵州，陕西汉中大部分地区，缅甸北部，湖北、河南小部分。常璩在其所著《华阳国志》中也说：“蜀沃野千里，号为‘陆海’。旱则引水浸润，雨则杜塞水门，故记曰：水旱从人，不知饥馑，时无荒年，天下谓之‘天府’也。”四川“天府之国”的美名自此流传开来。

五、川渝分治

川渝（即今四川和重庆）又称巴蜀。巴蜀地区地处长江上游，范围大致囊括今天的四川盆地及其附近地区，即今四川、重庆一带和陕南、黔北、昭通、鄂西等地。巴人和蜀人都是历史悠久的部族，巴人的历史可以追溯到传说中的五帝时代。古书《山海经》记载：“西南有巴国，太昊生咸鸟，咸鸟生乘厘，乘厘生后照，后照是始为巴人。”即认为巴的远祖是太昊。最初，巴人在汉水流域的中游一带活动，后来逐步迁徙到了四川东部。

先秦时期巴人和蜀人就分别建立了巴国和蜀国。巴国形成于商周时期，主要包括今重庆全境和四川东部地区。公元前11世纪，不堪忍受商朝剥削的巴国与周武王一起伐纣，建立了周王朝，被周王朝封为子国，以江州（今重庆）为首府。《华阳国志·巴志》说：“武王既克殷，以其宗姬封于巴，爵之以子。”巴国全盛时期的疆域“东至鱼复，西至僰道，北接汉中，南及黔、涪”，大致包括了今重庆全境、湖北恩施、川东北部分地区。公元前316年，蜀国、巴国均为秦所灭，秦惠文王设置蜀郡、巴郡分别治理。

汉武帝时期，在全国划分13个州（十三刺史部）进行监察，其中秦时的巴郡、蜀郡被统一划为益州部，下辖140多个县，治所在成都。三国时期，刘备占领益州并建立蜀汉政权。

隋开皇三年（583年），在今重庆置渝州，其名来源于流经重庆的渝水（今嘉陵江），这也是重庆简称“渝”的由来。唐朝初期，中央将全国划分为10个道，其中益州改为剑南道（在剑阁以南），治所在成都府，巴郡属于山南道（终南山以南）。唐玄宗时期，又把山南道划分为山南西道（重庆）和山南东道（襄阳）。当时的剑南道下又有剑南东川节度使和剑南西川节度使。

宋朝灭后蜀后，设西川路，治所为成都，后衍化为“川峡四路”，行政区域除了四川大部，也包含今重庆全域、陕西汉中、湖北恩施及贵州和甘肃的部分地区。不过这一时期的四川并不是一个行政区，而是四个行政区。1102年，渝州改为恭州。1189年，恭州升府，名为“重庆”，属夔州路。淳祐二年（1242年），四川制置司移驻重庆府，这是历史上重庆首次成为四川地区行政中心。

元朝建立后，省成为最高的行政区划单位，其中川峡四路被合并为四川行中书省，治所在成都，置重庆路。从元朝开始，巴蜀就成为真正意义上的统一行政区。元至正十七年（1357年），明玉珍率领红巾军攻占重庆，建立大夏王朝，年号天统。洪武四年（1371年），明灭大夏，重庆重新划归四川版图，为四川布政使司辖。明宣宗时期，成都和重庆均为全国性大型工商业城市。清朝时期，重庆为四川总督所辖。光绪十六年（1890年），重庆开埠，次年，重庆海关正式开业。开埠在客观上使重庆的商业日益繁荣，成为四川对外交流的一个重要窗口，一些现代化因素逐渐进入重庆乃至四川，从而加快了这个地区的城市近代化进程。

清末民初，重庆宣布独立，成立“蜀军政府”。很快，成都也宣布独立，成立“大汉四川军政府”。1912年，成渝两地军政府宣告合并，成立中华民国四川省。1913年，民国政府废除了府一级机构，设立“道”作为省的派出机构管理各县。全川划为7道，每道辖30个县。当时重庆府撤销，设置川东道，统领巴县、江津县、永川县等36县。四川省政府的驻地在西川道成都县。1921年，成都设市（省辖市）。1929年，重庆设市（省辖市）。1937年，抗日战争全面爆发后，国民政府西迁至重庆，沦陷区的许多工矿企业也纷纷内迁，重庆人口大量增加。1939年，重庆升为院辖市，管辖范围为今天的渝中区，其周边地区的管理机构迁到北碚。1946年，国民政府还都南京后，定重庆为中华民国陪都。抗战时期，大批沿海地区民众、学术大师、文化名人等陆续迁入，把重庆乃至整个四川从一个封闭的内陆盆地变成了一个充满活力的新大陆。

1949年年底，刘邓大军席卷大西南，四川、重庆相继解放。中华人民共和国成立初期，中央政府撤销四川省建制，分别设立川东、川西、川北、川南四个行署区（均为省级行政单位）。其中西南军政委员会和川东行署区驻重庆市，川西行署区驻成都市。1950年，重庆市改为西南行政区直辖市。1952年，撤销4个行署区，恢复四川省建制，省会为成都。1953年，重庆市成为中央直辖市（之前由西南行政委员会管辖），但仍由西南行政委员会代中央行使领导权。1954年，重庆市降格为地级市，划归四川省管辖。作为四川经济最发达的地区之一，重庆为四川的发展作出了巨大贡献。

为了推动长江经济带发展，发挥重庆作为特大经济中心城市的区位优势和辐射作用，确保三峡工程的顺利进行，同时也为了解决四川省面积过大、人口过多等问题，1997年中央撤销原重庆市，正式设立重庆直辖市。川渝再次分家，沿着各自的轨道发展，重庆作为四川一部分的历史由此告一段落。

第二章

文化源流

四川文化读本

一、古蜀文明

“蜀道之难，难于上青天！蚕丛及鱼凫，开国何茫然！尔来四万八千岁，不与秦塞通人烟。”（李白《蜀道难》）有关蚕丛、鱼凫、柏灌、杜宇、开明等古蜀五祖的资料散见于《华阳国志》《蜀王本纪》等文献的记载中，很难与真实存在的古蜀王国联系起来。

近代以来，考古工作者经过不懈的努力，相继发现三星堆、金沙等重要文明遗址，基本确定了古蜀文明发展演进的脉络。通常意义上的“古蜀文明”主要包括三星堆文化、十二桥文化、青羊宫文化3个重要的发展阶段。

（一）三星堆文化

三星堆文化时期距今4000～3100年，大约相当于中原的夏代到商代晚期。

早在民国时期，四川广汉就陆续发现了一些年代非常久远的玉石器和陶器。1986年，两个器物坑的发现更是震撼世界，共出土高等级文物1700余件，不仅数量多，而且风格极其多元和古怪。比如，三星堆中发现了大量的青铜人像、青铜神树、青铜神坛等器物，在以青铜容器和乐器为主的中国青铜时代，是难以被归类的神奇存在，一直到现在，考古学界对三星堆“青铜人像”的文化源头都难以作出合理解释。在商末周初，文化和政治的势力似乎发生了转移。古蜀的新中心移到了现在的成都，文化面貌也发生了一些变化，是为十二桥文化阶段。

（二）十二桥文化

十二桥文化是以成都十二桥遗址命名的考古学文化。距今3100～2600年，大体相当于中原王朝的商代晚期至春秋晚期。十二桥文化有两个非常重要的遗址，成都金沙遗址和彭州竹瓦街青铜器窖藏。其中，金沙遗址出土了在中原地区使用的礼乐器——磬。1959年与1980年，彭州市竹瓦街先后发现两处青铜器窖藏，出土的铜器包括容器、兵器两类。其中兵器是典型的巴蜀式兵器，容器则是中原地区常见的尊、罍等酒器。尤其珍贵的是1959年窖藏中发现的两件有铭青铜觯，根据器物风格和铭文推测，这两件铜器应是蜀人随周人灭商后得到的战利品，是《尚书》记载古蜀之师参与灭商战争的见证物。十二桥文化在发展了500年之后，大约于春秋晚期逐渐走向衰亡。

（三）青羊宫文化

青羊宫文化时期约始于公元前5世纪中叶，止于公元前2世纪中叶，大致相当于中原地区的战国时代至汉代早期。

青羊宫文化的遗址不多，最著名的是1980年在新都马家乡发掘出土的大型木椁墓。这座墓葬规模很大，出土精美青铜器近200件。学者推测，这座墓葬的主人应是古蜀国晚期的某一代蜀王。马家乡的青铜器很多都是由5件成组，也有少数是由2件成组，这在中国的青铜时代中是一种非常罕见的组合现象。马家乡大墓铜鍪、柳叶剑、铜鼎等器物还体现了与秦文化、巴文化、楚文化的交流，表明古蜀文化在这一时期更加开放。

公元前316年，秦国南下伐蜀，蜀王率兵拒秦，却兵败葭萌，秦国一举兼并巴、蜀。秦并巴蜀之后，大力经营四川盆地，在成都平原修建都江堰，发展农业生产，将古蜀故地改造成“水旱从人，不知饥馑”的天府之国，也为其统一中国奠定了坚实的后方基础。到了西汉早期，蜀守文翁在四川兴办学校，汉武帝以蜀地为南下据点经略西南夷。在北方政治和文化的不断浸润下，古蜀文明逐渐融入到博大的秦汉文明之中。

二、蜀中学术

蜀中学术，号称蜀学。自古至今，成就卓著，在中国学术思想史上具有重要地位。自古以来，蜀地一直沿袭着自己的学术传统，从而形成中国思想文化中的“蜀学”学统。在各个历史时期，蜀中学人都对中华文化发展作出了巨大贡献。

汉初四川成都一带为边陲。文翁自景帝末为蜀郡太守，首重教育，在成都兴“石室”，办地方“官学”，招郡县子弟入学，入学者免除徭役。以成绩优良者补郡县吏，极大地促进了当地文化的发展，史称“文翁兴学”。文翁兴学为后世的地方官学树立了榜样，对古代中国文化的发展产生了积极影响，为四川地区的文教发展和学术兴盛奠定了良好基础。

秦汉以来，蜀学在历史上有三次发展的高峰期。

（一）两汉

自西汉景帝末年文翁兴学始，蜀地人才济济，文章大雅，不亚于中原。王文才先生在其《两汉蜀学考》中考订蜀学人物七十余人。当时蜀学之盛，可见一斑。

汉代蜀学人物中，最具代表性的是司马相如、严君平、扬雄，他们在儒学、道家学说、文学、文字学等方面有重要成就。其中严君平的《老子指归》是关于老子思想的研究之作。他的学说在整个川西地区，特别是在都江堰和青城山地区有很大影响。司马相如、扬雄、王褒在文学方面所取得的骄人成就，则使他们成为蜀中汉赋三大家。近人刘咸炘在其《蜀学论》一文中称："盛汉扬声，相如、褒、雄。分国华之半，为词苑所宗。"

（二）宋代

隋唐时期，四川地区社会经济发展迅速，时成都与扬州有"扬一益二"之美称。两宋时期，在文学上，"唐宋八大家"蜀人独占其三（三苏）；在史学上，"隋前存书有二，唐后莫隆于蜀"。以"三苏"父子为代表的"蜀学"，与二程"洛学"和王安石"新学"鼎足而三，共同构成当时中国学术的三大流派。

在中国文化史上，宋代是史学最繁盛的时期，而四川又是宋代史学最发达的地区之一，名家辈出，群星璀璨。刘咸炘《重修宋史述意》指出，"宋一代之史学实在蜀"。宋代四川史家中的杰出代表，首推"三范""二李"。

"三范"指北宋著名学者范镇、范祖禹、范冲。"三范"在中国史学史、文学史上均占有重要地位，范祖禹所撰的《唐鉴》12卷，被誉为"深明唐三百年治乱”的史学名著。范氏一门三代皆参与一代史学名著的修撰，史称“三范修史”。

“二李”是指南宋著名史学家李焘、李心传。李焘（1115—1184），字仁甫，四川眉州丹棱人，累迁州县官、实录院检讨官、修撰等。李焘仿司马光著《资治通鉴》体例，断自宋太祖赵匡胤建隆，讫于宋钦宗赵桓靖康，记北宋九朝168年事，定名《续资治通鉴长编》，原本980卷，今存520卷，为中国古代私家著述中卷帙最繁的断代编年史。《续资治通鉴长编》记述详赡，史料丰富，价值极高，为研究辽、宋、西夏等史的基本史籍之一。

李心传（1166—1243），字微之，一字伯微，号秀岩，隆州（今四川井研）人，李舜臣子。父子兄弟，又有“井研四李”之号。著述颇多，今存《建炎以来系年要录》200卷为编年体史书，专记南宋高宗一朝史事，起自建炎元年（1127年），迄于绍兴三十二年（1162年），与李焘《续资治通鉴长编》相衔接。此书素以史料丰富、记事详赡著称于世，是为宋代史学名家名著之一。

南宋中期时，成都合江亭一带是全国有名的讲学中心之一。虞允文之孙虞刚简曾在此创办沧江书院。经常在此讲学的，有著名学术家族华阳范氏的范仲黼、范子该、范子长、范荪（时人称为“四范”）以及薛绂、邓谏从、虞刚简、程遇孙、宋德之等共九人，被称为“二江九先生”。另外，著名学者李心传、李道传、魏了翁等人也曾在此讲学，李修己、张仕诠等人则常在此与众学者切磋学术。学者们在这里“会文讲学”，长达20年之久。一代名儒魏了翁，正是在沧江书院与学者“切磋于义理之会”过程中，崛起为全国有名的理学家。而宋代理学思潮，也正是经书院学者的传播，得以在以成都为中心的四川地区快速发展，源远流长的蜀学也由此实现了义理化转型和再一次兴盛。

（三）清末民初

自元以降，蜀学寂寥，如元代虞集就说“颇恨蜀学微绝”。乾隆十一年（1746年）四川丹棱进士彭端淑《大雅堂记》一文中追慕两宋蜀中“人文之盛”，也对“今已不可复”的现实大为感叹。咸丰十二年（1862年）何绍基和同治十二年（1873年）张之洞先后任四川学政，大昌兴学之风，方改蜀地文教落后的局面。19世纪后期，一些在蜀官员和学者发出了“复兴蜀学”的号召，振兴“蜀学”成为清末以来蜀中知识分子的夙愿。

尊经书院创办后，张之洞、王闿运促成了蜀学与江浙、湖湘的学术交流与融合，蜀学得以蓬勃发展。在动荡多变的时局中，蜀中学者“以复古求解放”，最终实现了传统学术的解放。钱基博在20世纪中叶就说：“五十年来学风之变，其机发自湘之王闿运，由湘而蜀（廖平），由蜀而粤（康有为、梁启超），而皖（胡适、陈独秀），以汇合于蜀（吴虞）。”

近代以来，蜀学继宋代之后又呈兴起之势。公元1898年戊戌变法之际，刘光第和杨锐联合在京师的四川爱国官绅傅增湘、谢绪纲、王晋涵、李植等，在四川会馆观善堂旧址成立“蜀学会”，同时创办“蜀学堂”，主张“讲新学，开风气，为近今自强之策”。

清末民初，成都汇集了大批文人学士，他们大都受到主持川政者的礼遇，其中佼佼者被尊为“五老七贤”，主要人物有赵熙、颜楷、骆成骧、方旭、宋育仁、庞石帚、徐子休、林山腴、邵从恩、刘咸荥、尹昌龄、曾鉴、吴之英、卢子鹤、文龙等。“五老七贤”多为通儒博学之士，可称为清末民初蜀中儒学的代表人物。他们德才兼备，经世致用，广植桃李，嘉惠士林，使“蜀学”在国内产生深远影响。当时有“蜀地文风盛汉时”的赞语，这一学术现象与“五老七贤”的承传有极密切的关系。

三、宗教发展

（一）道教

世界上的几大宗教中唯一在我国土生土长的是道教，而其创教之地就在四川。

张陵是沛国丰邑（今江苏丰县）人，自幼熟读《老子》，年轻时曾任巴郡江州（今重庆）令，受到巴蜀“仙道”“鬼巫”一类宗教习俗的深刻影响。后来，张陵辗转入蜀，在西蜀鹤鸣山（今大邑县境内）学道，于汉安元年（142年）创立“天师正一盟威”之道，即天师道，也就是后来传遍全国的道教。他作道书24篇，建立了道教的神学思想体系；选择叠幽拥翠的青城山作为创教传教基地；改造巴蜀原有仙鬼巫术，建立神系、宫观组织、教区组织和斋戒仪轨，其中最主要的是创立教区组织——二十四治。初期的二十四治全在四川盆地西部，以阳平治（今彭州）为中心，鹿堂治（今绵竹）和鹤鸣山治（今大邑）最为重要。

成汉时，李雄的国师范长生以青城山作根据地，率众传道，被尊为天地太师，后人在他的旧居建有长生宫。唐玄宗时，诏令“勿令相侵，观还道家，寺依山外旧所，使道佛两所各有区分”，并刻石于碑，这就是著名的《大唐开元神武皇帝书碑》。五代前蜀时，道教著名领袖杜光庭定居青城山白云溪清都观，即今祖师殿，主持青城山及全蜀教务，著书立说，为道教理论建设作出了巨大贡献，被誉为“扶宗立教，天下第一”。清代康熙初，陈清觉自武当山来青城山传全真龙门派，后来又主持二仙庵，使道教再一次兴盛。

四川道教石刻为数众多，整个盆地内共有28处，其中以大足石刻中的道教造像最为系统和完整。

（二）佛教

佛教传入我国的途径是多源的。印度、中亚和西亚同我国古代的联系主要通过西域、南海和滇缅五尺道、牦牛道3种途径。古巴蜀位于这3种途径的交汇点，集中体现了佛教南传与北传交汇的特点。

近年来四川地区的众多考古发现证明，早在东汉时期，佛教已传入巴蜀。众多的禅林古刹，构成四川文化的一大景观。南北朝以来，巴蜀高僧大德辈出。尤其是唐代以来，禅宗所倡导的丛林制度在巴蜀地区得以完善和光大。禅林在巴蜀成为佛寺的主流。巴蜀作为禅宗的重要阵地，产生了一大批杰出人物，唐代修禅十大家中的马祖道一、圭峰宗密等五家就是巴蜀人。巴蜀禅宗在全国禅宗中力量最为雄厚。宋代时，巴蜀禅宗在全国已占绝对优势，并形成了自身的传承系统。

南北朝时期，佛教由南北交错传入，遍及巴蜀盆地，摩岩石刻造像遍布川中。广元千佛崖有北朝造像，茂汶、西昌、成都万佛寺与龙泉山北周文王碑都有南朝和北朝的石佛像，表明佛教传播甚为广泛。隋唐以后，北传禅宗与南传密宗在巴蜀地区交汇，现存唐代巴蜀石刻佛像百余处所见者多为北传，而在安岳、乐至、乐山龙泓寺、夹江千佛岩、邛崃、昭觉等地则又能见到唐代密宗佛像。

四川是我国佛教石刻造像最多的省份，其分布之广、造像之多、题材之富、技术之精，为全国所仅见。直到今天，四川盆地中广元的千佛崖和皇泽寺，巴中的南龛和水宁寺，安岳的千佛寨、玄妙观、卧佛院、华严洞、毗卢洞，大足的北山、南山、宝顶山，邛崃的花置寺，大邑的药师崖，夹江的千佛崖，蒲江的飞仙阁等地的佛教石刻造像仍然保存完好，名扬全国。

四、学术世家

宋代以来，四川地区出现了众多学术世家，家学代代传承，学术精进，为四川文化乃至中华文化的发展作出了卓越贡献。其中具有代表性的，如阆中陈氏、华阳范氏、眉山苏氏、什邡张氏、仁寿虞氏、丹棱李氏、井研李氏、蒲江魏（高）氏、简阳虞氏、新都杨氏、罗江李氏、双流刘氏等。

（一）阆中陈氏

宋代的四川，曾是全国学术界的前沿，其中阆州陈氏大家族更是大放异彩。在宋真宗、仁宗之际，陈氏家族“一门两状元，两世三宰相”。阆中人陈省华，官至尚书，他的3个儿子，陈尧叟、陈尧佐、陈尧咨三兄弟，于北宋初年相继中进士，尧叟、尧咨考中状元。当时天下皆“以陈公（省华）教子为法，以陈氏世家为荣”。元朝剧作家关汉卿根据史料，将陈氏家族有关教育方面的故事写成《状元堂陈母教子》的剧本。

（二）华阳范氏

范阳范氏为全国有名的学术家族，五代6位史家，撰述史著23部。中国史学界有“三范修史”的佳话，“三范”指范镇、范祖禹、范冲，均为成都华阳县（在今成都市双流区）人。范镇（1007—1088），字景仁，北宋

图 2-1　赵孟頫作苏轼像

文学家、史学家，翰林学士。范镇著述甚丰，曾参与修编《新唐书》。范祖禹（1041—1098），字淳甫，一字梦得，著名史学家。祖禹著《唐鉴》12卷，《帝学》8卷，《仁宗政典》6卷；而《唐鉴》深明唐300年治乱，学者尊之，目为“唐鉴公”。

范祖禹之子范冲（1067—1141），字元长，曾奉命重修神宗、哲宗两朝实录，为著名史学家。

（三）眉山苏氏

“三苏”指北宋散文家苏洵（1009—1066，字明允，号老泉）和他的儿子苏轼（1037—1101）、苏辙（1039—1112）。仁宗嘉祐元年（1056年），苏洵带领苏轼、苏辙到汴京，谒翰林学士欧阳修，受到欧阳修的赏识和推誉一时文名大盛。嘉祐二年（1057年），二子同榜应试及第，轰动京师。宋人王辟之《渑水燕谈录·才识》记载：“苏氏文章擅天下，目其文曰三苏。盖洵为老苏、轼为大苏、辙为小苏也。”“三苏”的称号即由此而来。苏氏父子积极参加和推进了欧阳修倡导的古文运动，在散文创作上都取得了很高的成就，后来俱被列入“唐宋八大家”。三苏之中，苏洵和苏辙主要以散文著称，苏轼则不但在散文创作上成果甚丰，在诗、词、书、画等领域也都占有重要地位。眉山三苏祠联云："一门父子三词客，千古文章四大家。"

（四）仁寿虞氏

虞允文（1110—1174），字彬父，一作彬甫，隆州仁寿县（今眉山市仁寿县）人。绍兴二十四年（1154年），虞允文登进士第，累官中书舍人、直学士院。他出使金国时，见其大举运粮造船，便在回朝后请朝廷加强防御。绍兴三十一年（1161年），以参谋军事犒师采石，指挥三军大破金帝完颜亮。次年，任川陕宣谕使，与吴璘共谋进取，收复陕西数处州郡。乾道五年（1169年）为相，任用胡铨、王十朋等。乾道八年（1172年），再任四川宣抚使。淳熙元年（1174年）去世，享年65岁。淳熙四年（1177年），追赠太傅，谥号"忠肃"。

虞允文之子虞刚简，创立了沧江书院，著书讲学，对推动蜀学发展发挥了重要作用。

（五）什邡张氏

张浚（1097—1164），字德远，世称紫岩先生，汉州绵竹（今属四川省什邡市）人，南宋名相、抗金名将、著名学者，西汉留侯张良之后。张浚对于《周易》钻研精深，著有《易解》及《杂说》10卷，对《书》《诗》《礼》《春秋》也都有注解，有奏议20卷（现多亡佚）。又著有《中兴备览》（一作《张忠献公中兴备览》）。近人辑有《张魏公集》。

张浚之子张栻（1133—1180），字敬夫，号南轩，为南宋著名学者，与朱熹、吕祖谦起名，时称"东南三贤"。他创立了"南轩学派"，对推动蜀学与湖湘学的交流发展发挥了重要作用。

（六）丹棱李氏

李焘（1115—1184），字仁甫，号巽岩，眉州丹棱（今四川省眉山市丹棱县）人，著名历史学家、诗人。绍兴八年（1138年）登进士第，授成都府华阳县主簿，未就任，于丹棱龙鹄山读书。至绍兴十二年（1142年）秋，李焘始赴任。其后历官州县及朝廷史职，宋孝宗朝仕至同修国史。李焘以名节、学术著称，长于吏治，关心民瘼，但终未获大用。淳熙十一年（1184年），以敷文阁学士致仕，不久后逝世，享年70岁，追赠光禄大夫，赐谥“文简”，累赠太师、温国公。李焘博览典籍，著述颇多，有《巽岩文集》《四朝通史》《春秋学》等50多种，大多失佚。今存《续资治通鉴长编》520卷、《六朝制敌得失通鉴博议》10卷、《说文解字五音韵谱》10卷。

李焘之子李壁、李埴等的著述，对南宋儒学、史学和文学的发展也有很大贡献。

（七）井研李氏

李舜臣，字子思，井研（今四川省乐山市井研县）人，与其三子李心传、李道传、李性传被称为“井研四李”，在蜀学发展史上占有重要地位。

李舜臣师从蜀人冯时行、员兴宗，既有程氏洛学再传，亦有蜀中宿学。李舜臣的《易本传》与朱熹《易本义》互为表里，朱熹对李舜臣所著《易本传》崇敬有加，并“多取之”。李舜臣注重家学相传，与其三子均研治和传播理学，被称为“一庭相为师友”“一家理学，共仰儒宗”。当时，朱熹有大量语录在学者中流传。其门人所记，或闻同一事件而记载不同，语录纷杂，很有必要加以统一，遂有李氏三兄弟刊刻朱子语录的举动，特别是李道传、李心传致力辑汇朱熹语录，颇有贡献。

李道传，“虽不及登朱熹之门，为朱熹私淑弟子。访求所尝从学朱熹者与讲习，尽得遗书读之”。嘉定八年（1215年）提举江南东路常平茶盐公事任上，搜集朱熹语录33家，刻于池阳，谓之《池录》，并由朱熹门人黄干作序。

李心传到中年以后，除治史以外，对经术之学亦有深究，著有《丙子易学编》1卷，兼采王弼、张载、程颐、朱熹4人所传之义，并以周敦颐、邵雍及父李舜臣之说补正之，亦时附自己的说解，又采唐以企诸儒解《易》字音之异者附录之。

李心传的《道命录》与朱熹《伊洛渊源录》相伯仲，是程朱理学的简史。刊刻于池州（今安徽贵池）的《池录》和刊刻于饶州（今江西鄱阳）的《饶录》，是后来《朱子语类》的初编本。正是这些刊本，引导了各种语录的陆续出版，最后才由黎靖德综合各家出版140卷的《朱子语类》。“井研李氏四杰”的倡导之功不可埋没。

（八）蒲江魏（高）氏

宋代的家族中，以魏了翁为代表的邛州蒲江（今四川省蒲江县）魏（高）氏家族，以诗书持家，是理学名门。

魏、高二姓子弟勤奋力学、致力科举，魏了翁、魏文翁、高载、高稼、高崇、高定子、高斯得7人，相继考中进士，以血统论，为“一门七进士”；以姓氏论，为“二门七进士”，这在四川乃至全国亦属罕有。

魏了翁（1178—1237），字华父，号鹤山。他曾筑室于白鹤山下，号“鹤山”，学者称“鹤山先生”，因称所创学派为“鹤山学派”。魏了翁潜心研究张栻、朱熹之学，在长期的学术和教学活动中，确立了以他为代表的鹤山学派，享有“南方共宗鹤山老”的盛誉。鹤山学派为继北宋蜀学“三苏学派”之后，在全川乃至全国影响深远的学术派别。鹤山学派不乏当时的著名人物，有魏文翁、郭黄中、吴泳、游似、牟子才、王万、史守道、蒋公顺、税与权、滕处厚、蒋重珍、许月卿、史绳祖、叶元老、严植、张端义、赵范、赵葵、牟应龙等。鹤山学派代表著作有魏了翁《鹤山大全集》《九经要义》，魏文翁《中庸大学讲义》，吴泳《鹤林集》，王万《心铭》《淡斋规约》，史守道《传斋集》《春秋统会》，税与权《易学启蒙小传》等。鹤山学派学说曾盛行于四川邛、眉一带，明清时期仍有传人。

（九）新都杨氏

杨廷和，字介夫，号石斋，四川新都人。新都杨氏家族是极为显赫的名门望族，以“一门七进士，两朝宰相家”显赫一时。杨廷和在武宗朝时接替李东阳成为内阁首辅。杨廷和作一生为明朝尽心尽力、政绩颇多。《明史·杨廷和传》称赞他的治国才能说：“流贼炽而无土崩之虞，宗藩叛而无瓦解之患者，固赖庙堂有经济之远略也。”

杨廷和之子杨慎（1488—1559），字用修，号升庵。杨慎在文学上的造诣超过其父。他一生博学多闻，著作达400余种，留存至今的仍有150多种。《明史》在对杨慎的记载中说道：“记诵之博，著作之富，推慎为第一，诗文外杂著至100余种，并行于世。”明代三大才子——解缙、杨慎和徐渭，单以学问的博大而论，杨慎是当之无愧的第一。

（十）罗江李氏

李调元（1734—1802），字羹堂，号雨村、童山，清代四川罗江人。乾隆二十八年（1763年）进士，历官吏部主事、员外郎、广东学政、直隶通永兵备道。为蜀中异才，与张问陶、彭端淑并称为“清代蜀中三才子”。李调元和其从弟李鼎元、李骥元号称“绵州三李”，清代著名学者王昶在《蒲褐山房诗话》中说：“近日绵州称三李，以墨庄（李鼎元）为最。”清乾隆年间，政府重修《永乐大典》，采集全国遗漏书籍，开办《四库全书》编订馆，从全国各地征求古籍善本达13 000多种。当时李调元任翰林院监司徽辅，参与《四库全书》编纂工作。利用这个机会，他得以借观朝廷内府的藏书，并雇人抄录很多罕见书籍，尤以巴蜀文献为主。为保存巴蜀之书，李调元将多年所收集、整理和记录的书籍编纂成册，名为《函海》，并于乾隆四十九年（1784年）刊行。《函海》规模浩大，共集图书160多种，合编为40函、852卷，内容涉及魏晋六朝唐宋元明清等朝代，包括历史、考古、地理、农学、医学、文学、方言、音韵、民俗、姓氏、川剧、川菜等多方面的研究成果，可以说《函海》就是清乾隆以前历代四川学人的专辑总和，堪称古代巴蜀文化的百科全书。

（十一）双流刘氏

刘沅（1767—1855），字讷如，一字止唐，清代四川著名学者。他一生著作甚丰，现存著作逾200卷。其代表作品《槐轩全书》以儒学元典精神为根本，融道于儒，会通禅佛，体大精深，为鸿篇巨制。他还创立了槐轩学派，名震一时。萧天石《道海玄微》论刘沅之学，谓：“其学既直探洙泗心传，复深得玄门秘钥，融道入儒，援儒说道；复会通禅佛，并涉密乘，博学多方，虽较庞杂，然以其能障百川而东之，汇万流于一海，故最后仍归本于儒，不失孔门矩镬。以其一生行事及其等身著作之内容性质而言，则称之为道化儒家可，称之为儒化道家亦可。其内养及修持方法，则又纯用道家金丹宗手眼，而略带少分藏密色彩。故自创‘刘门’以后，则又纯属道家人物。……讲学规模，以儒家为本；功夫修炼，以道家为本，不奉佛氏，亦不诋排，间举扬之以助传心，期融会三家而贯通之。”

刘咸炘（1896—1932），字鉴泉，别号宥斋。清光绪丙申年（1896年）十一月二十九日出生于成都纯化街“儒林第”祖宅。祖父刘沅，父亲刘梖文，均为蜀中知名学者。刘咸炘五六岁时，先后从兄刘咸荥和父亲刘梖文学习。9岁时，更加笃学好问，每天读书达数十册。刘咸炘治学，先从校雠目录学入手，着重“辨章学术，考镜源流”。刘咸炘著述很多，计已成书的共236部，475卷，总名《推十书》。陈寅恪在抗日战争时期来成都华西大学讲学，到处搜访购买刘咸炘的著作，以其为四川最有识见的学者。林思进曾在《刘豫波先生家传》中说：“独惜君从弟鉴泉年未四十，所著书数百卷，其于校雠考订之学，精核微至者，殆不可朽。”

第三章

文献典籍

四川历史悠久，人杰辈出，在文献典籍方面留下了不少传世名著和艺文名篇，有待我们去发掘和研究。

一、传世名著

（一）《华阳国志》

我国的地方志最早萌芽于春秋时期。现存的各种地方志总数约2万种，宋元以前的不到70种，隋朝以前的则仅10多种。在这些方志中，有的内容不全，有的真伪杂糅，而成书最早、保存最完整、价值最高的，首推《华阳国志》。《华阳国志》原名《华阳国记》，《华阳国志·序志》曰："肇自开辟，终乎永和三年，凡十篇，号曰《华阳国记》。"可能是在后世流传过程中由"记"衍为"志"。其成书时间在永和四年（348年）秋至永和十年（354年）之间。它记录了公元

4世纪中叶前益州、梁州、宁州（今四川、云南、贵州以及甘肃、陕西、湖北的部分地区）等地的历史发展、风土人情。作者是常璩，字道将，东晋蜀郡人。其事迹于史传典籍中留存甚少，可能出生于没落的世家大族，曾在成汉李雄政权中担任散骑常侍，孙盛称之为“蜀史”，后桓温伐蜀，归晋。

常璩生活的年代正逢乱世。政治上，八王之乱持续数十年，朝廷政事废弛；社会上，各种叛乱此起彼伏，出现大规模的人口流动，客观上促进了各种文化、风俗的交融；思想上，以老庄为基础的魏晋玄学成为这一时期的主流，这对于史学的发展也产生了重大影响。在《华阳国志》之前，益州地区已有许多方志问世，可考的就有20余种，如常宽《蜀后志》、黄容《梁州巴记》、谯周《三巴记》等。这些地方志的问世，为常璩提供了写作的基础材料。在成汉政权任史官的经历，也便于他接触大量文献史料，走访各地收集素材。入晋后，常璩长期郁郁不得志，只能将情怀寄托在著作中。他在《序志》中论述其著述宗旨时道：“博考行故，总厥旧闻。班序州部，区别山川。宪章成败，旌昭仁贤。抑绌虚妄，纠正谬言。显善惩恶，以杜未然。”具体来说，就是履行史官职责，记述古今之事，“补史之缺，参史之错，详史之略，续史之无”①，彰显蜀地之风物，抒发胸臆，警示乱臣，表达对东晋朝廷的忠心。

从内容上看，《华阳国志》共12卷，约11万字，由3部分组成：一到四卷属于地理志，分别为《巴志》《汉中志》《蜀志》《南中志》，记录益、梁、宁等州的历史和地理，记载了30多个少数民族部落的情况，对其中一些主要的部族还做了较多的叙述；五到九卷属于历史本纪，记录成家、刘焉刘璋政权、蜀汉、成汉4个割据政权及西晋时期的历史；十到十二卷属于列传，记载从西汉至东晋初的“先贤列女”，超过了400人，大部分事迹都有

① 章学诚．章学诚遗书[M]．北京：文物出版社，1985．

证可循。3个部分的记述都十分详细，地理志、编年史和人物传的结合，使《华阳国志》更加完整地展现出三州上千年的历史面貌。作为一部史书典籍，同时也是文学作品，《华阳国志》基本承继了传统的史书撰写方法，多用典故、春秋笔法和顺、倒、插、补叙等手法；广泛收录诗、歌、谣及神话传说，体现了强烈的地域特色；同时还在行文中加入了作者评价，流露出个人情感，具有鲜明的个人特色。

后世对《华阳国志》的评价很高，它的价值主要在于史料方面。关于西南地区的地理、历史、社会情状，其他史书虽有一些记载，但大多语焉不详，让后人为之茫昧。《华阳国志》不但收集整理了前人的记载，还用古巴蜀的神话传说加以补充，记述都十分具体，甚至有很多史料今唯见载于《华阳国志》。总之，《华阳国志》称得上是西南地区的一部百科全书，同时也是对史传体例的进一步发展，对后世的史传文学产生了直接的影响。

（二）《证类本草》

本草学是我国的传统医药学，最早的本草学典籍《神农本草经》约成书于东汉年间，已有近2000年的历史。在此之后，有许多医药典籍问世，如《新修本草》《本草品汇精要》等，而北宋期间的《经史证类备急本草》（简称《证类本草》），可以说是我国本草医药学集大成之作。其书问世后，数次作为国家法定医学著作发布，沿用数百年。

《证类本草》的作者名唐慎微（1056—1136），字审元，成都华阳人，北宋著名医家、药物学家。唐出身于医学世家，对经方颇有研究。宋哲宗元祐年间，其应成都路安抚使李端伯之招，到成都行医，期间著有《证类本草》。唐慎微不仅医术高明，而且医德高尚。对于病人，他都是有求必应，并且为读书人看病不收钱，只让病人替他收集几个单方作为报酬，这些单方成为《证类本草》的资料来源之一。

《证类本草》共30卷，其中第一、二卷为序例，其下至三十卷将药物分为玉石部、草部、木部、人部、兽部、禽部、虫鱼部、果部、米谷部、菜部、有名未用、本经外草木，共计60余万字。与其他医药典籍相比，本书有几大特点：其一是史料丰富。唐慎微翻阅了大量文献，收录了宋及以前各家医药著作，如《本草拾遗》《嘉祐本草》《千金方》《雷公炮炙论》《食疗本草》等。除此之外，他还收集了一些非医药书籍，如经史类、佛道类著作中有关医药的资料，对《毛诗注疏》《史记》《淮南子》《山海经》《礼记注疏》《周礼注疏》《孙真人枕上记》《太平广记》《明皇杂录》等均有引用。在引用的时候，唐慎微皆照原文收录，不加任何改动，使许多早已遗失的医药文献资料得以保存。如我国最早的药典《神农本草经》的原书在唐初就散佚，唐慎微从当时其他药典中搜集出该书的内容，逐一载入《证类本草》中，由此才有了后世卢复、孙星衍、森立之等人的辑本。其他的还有《本草经集注》《开宝本草》《图经本草》等典籍，现均已佚，全靠《证类本草》的收录才使部分内容保存下来。值得一提的是，唐慎微引用小说类著作时有意避开了其他医书引用较多的小说，侧重于唐宋文献，如对《太平广记》，引用达10次之多，具有一定的文献补遗价值。李时珍评价唐慎微“使诸家本草及各药单方垂之千古不致沦没着，皆其功也”，是非常中肯的。

其二是开创了附方之先例。《证类本草》之前的药物学著作，通常只记载药物的功能，并不附方。医者若要使用其记载之药，还须对照方书，耗时费力。唐慎微改变了惯常的药物学著作体例，载入了近3000条处方，分别列在相关药物之后，少者一二条，多者达一二十条。这些处方有的是从《伤寒论》等古医书中采录的，有的是从民间搜罗的，有的是他自己临床验证过的。这种“方药对照”的编写方法，大大方便了临床应用，沿用至今。

其三是增加了药材鉴别的内容。《证类本草》之前的药物学著作对于药物的收录并不太全面，或者缺少制作方法，或者对验方语焉不详。而《证类本草》对药材的产地、鉴别、采收、加工等各方面均有详细记载。唐慎微在论及一种药材时，先引用古医书、典籍对该药的产地、性味、功能进行介绍，再对此药的加工方法和真伪鉴别进行说明。尤其是对蜀地药材的记载极为详尽，均涉及具体的州、县，如茂州（今茂县）产独活、升麻，戎州（今宜宾）产巴豆等。我国传统医学一向重视药材和产地的关系，《证类本草》的内容对于今天发展药材生产仍然具有重要意义。全书共收载药物1746种，新增药物近600种，有些药物如桑牛、蝉花、灵砂等均为首次收载。书中还增加了大量的药物注文，几乎每一种药物都有注文，进一步丰富了书的内容。

《证类本草》对后世医药典籍影响极大，《本草纲目》的编撰即以此书为蓝本。它也是研究本草学的重要文献资料，具有极高的史料价值。李约瑟在《中国科学技术史》中称赞《证类本草》“比15世纪和16世纪早期欧洲的植物学著作都高明得多”。

（三）《唐鉴》

《唐鉴》是一部编年体史书，共12卷，记录了唐朝自高祖到昭宣帝近300年的历史。作者范祖禹（1041—1098），字淳甫，一字梦得，成都华阳人。他幼年丧父，寄居在叔祖范镇家。范镇官至翰林学士兼侍读，同时也是一位著名的史学家。范祖禹从小受到了良好的教育，为他成长为史学家打下了良好的基础。熙宁三年（1070年）至元丰七年（1084年），范祖禹作为司马光的得力助手一直在参与《资治通鉴》的修撰工作。在修撰《资治通鉴》的工作之余，他修撰了《唐鉴》。

宋朝的治史之风十分兴盛，范祖禹之前及同时期有过许多唐史研究著作，但《唐鉴》一问世就备受好评。宋高宗说：“读《唐鉴》，知范祖禹有台谏手段”，《宋史》评价“《唐鉴》深明唐三百年治乱，学者尊之，目为‘唐鉴公’云”。范祖禹能得到如此高的赞誉，最主要的原因是他有着“以史为鉴”的史学思想。《唐鉴》一书有着鲜明的特点：其一是史论并重的编撰形式。书中记载了唐朝史事306篇，内容涉及唐朝20位帝王执政期间的政治、军事、经济、文化等，以政治为主，其中关于太宗、玄宗、德宗的论述最为详细，因为前两位皇帝是强盛大唐的缔造者，后一位皇帝则是大唐由盛转衰的见证者。全书采用编年体例，每篇史事之后皆以“臣祖禹曰”的形式进行评论。范祖禹在史料的选择上不追求系统性，而是从日常政治生活入手，以小见大，将史和论紧密结合起来，各篇皆是一事一议，二者的篇幅不相上下，全书史实共5万余字，评论也有5万多字。因此，《四库全书总目提要》将《唐鉴》归入史部史评类。这样的体裁在史书的编撰中属于创新之举。

其二是维护正统的编撰原则。在评论中，范祖禹多引用《诗》《书》《礼》《易》的原文或儒家圣人的话来佐证自己的观点，还明确指出应当学习古代的礼法制度，充分体现了他恪守正统、维护纲常的历史观。如他批评唐高祖赐姓徐世勣，认为古时（指周王朝）天子建国，确定姓氏是为了区别不同的族群，子孙不可更改，否则就是不忠于祖先。唐高祖却将这种混乱宗族的“陋习”作为赏赐，“非先王之制也，不可为后世法也”。又如对于一代明君唐太宗，他虽承认其治世才能，却对其策划的玄武门杀害太子建成、齐王元吉和逼父退位等事件进行了批评：“建成虽无功，太子也；太宗虽有功，藩王也。太子君之贰，父之统也，而杀之，是无君父也”，认为太宗“悖天理，防人伦”，罪过何其大也。这一评判标准在对武则天时的史实的记述中体现得更为突出，他不采用武则天称帝时的年号纪年，只用中宗“嗣圣”年号，称武则天为太后，每篇仅记录帝在何处，如“帝在房州”“帝在东宫”，而不记录武则天当政期间的政事。这样的笔法，是仿效《春秋》的“公在乾侯”，而不是单纯地记录历史。对于武氏当权，他认为“中宗之有天下，受之于高宗也，武后以无罪废其子，是绝先君之世也，况其革命乎”。

其三是注重总结历史经验。范祖禹认为编史的主要目的是总结历史经验，而距今越近的历史，借鉴意义越大。他指出“唐于本朝，如夏之于商，商之于周”，“今所宜鉴，莫近于唐”，这是他选择记叙唐史的原因。《唐鉴》中总结的历史经验以君王之道为主：勤政节俭、虚怀纳谏、谨慎择相、善施仁政等。如他赞誉唐太宗善于纳谏，评论道“圣人以天下为耳目，故聪明；庸君以近习为耳目，故暗蔽”。对于不听谏言甚至杀害进言臣子的君王，他毫不留情地评论道“国将亡，必杀谏臣”。对于君王的用人，他强调要“亲贤臣、远小人”，尤其是在择相方面要慎重，这关系着国家的安宁与稳定。他以玄宗先任用贤相姚崇开启“开元盛世”，后用佞臣李林甫导致“安史之乱”为例，强调谨慎择相的重要性。对于唐朝的兴亡，他也进行了分析。如高祖、太宗时期的记事以创业和守成为主，玄宗时期的记事以用相为主，而德宗时期为唐朝的灭亡埋下了隐患，所记之事多为姑息藩镇、委任宦官、聚敛财物等。对于后代君王来说，这些历史的经验教训是非常具有借鉴意义的。

（四）《续资治通鉴长编》

《续资治通鉴长编》（以下简称《长编》）是一部关于北宋一朝的编年史著作。原书1063卷，目前存世的版本共520卷，近500万字。这部著作是后世研究北宋历史的宝贵文献。

作者李焘（1115—1184），字仁甫，一字子真，眉州丹棱（今四川省丹棱县）人。他生活在南北宋政权交替之际，正值宋与金交战的时候，经历了二帝被俘、丧权辱国的痛苦，决心用自己的方式为国效力，30岁之前立志修史。当时司马光的《资治通鉴》已具有很大的影响，但它是一部“古代史”，编写到五代即止。因此，李焘有意把北宋一代史事编撰成书。从《续资治通鉴长编》这个书名可以看出，作者意在让此书延续《资治通鉴》的作用，继续为统治者提供历史的镜子。1159年，他在司马光《宋兴以来百官公卿表》的基础上进行了扩充和增补，完成了《续皇朝公卿百官表》，并在此基础上，开始进行《长编》的编撰。工作开始后，李焘曾先后4次奏进朝廷。第一次是在宋孝宗隆兴元年（1163 年），他奏进太祖建隆元年至开宝十七年间的史事，共计17卷。乾道三年（1167 年），他奉召进京，任兵部员外郎兼国史院编修官。乾道四年（1168 年），他第二次上奏，奏进太祖至英宗五朝的史事，计108卷。在这次的奏书里，他特别强调《长编》虽然是依凭《资治通鉴》而成书，但不敢名为《续资治通鉴》，只可名为《续资治通鉴长编》。第三次在宋孝宗淳熙元年（1174年），他奏进神宗至钦宗四朝史事，计280卷。第四次在宋孝宗淳熙九年（1182 年），经过重新修订，他奏进全书，计980卷，共604册。为了方便查阅，他还加上了《总目》5卷，《修撰事目》10卷，《举要》68卷，合计1063卷，687册。历时40年，这部中国史学史上最浩繁的著作终于完工了。

《长编》问世后，世人都给予其高度评价。叶适赞之“《春秋》之后，才有此书”。宋孝宗也高度重视此书，下诏“用神宗赐司马光故事，为序冠篇”，《长编》由此受到了与《资治通鉴》同等规格的待遇。后世朱彝尊说：“宋儒史学，以文简（李焘）为第一。盖自司马君实（司马光）、欧阳永叔（欧阳修）书成，犹有非之者，独文简免于议驳。”

李焘编史的目的是“鉴前世之兴衰，考当今之得失”，因此在编撰过程中，他遵循了以下几个原则。

第一，资料尽可能翔实，即“宁失于繁华，无失于略”。这是司马光主持编撰《资治通鉴》的原则，李焘也遵循这个原则。在编撰《长编》的过程中，他多方收集史料，除了实录、正史、会要、宝训、御集等各种官方材料，还收集了很多民间材料，如私家笔记、野史等。他还自创了一种搜集资料的方法，做木橱10个，每个木橱设置抽匣20个，将抽匣进行编号，再把搜集来的资料按照时间顺序放入匣内，使资料的存储井然有序。这种方法是将碎片化的信息整合起来，日积月累，以防遗漏任何有价值的信息。根据搜集的材料，李焘对北宋期间发生的政治、军事、经济等各方面的事件都作了详尽的记载，单是记载司马光反对新法的上疏就达5000余字。最终以近千卷的篇幅记录了北宋168年的历史，内容之丰富，资料之翔实，为史籍所罕见。当然，他并不认为越详细越好，书中写明“删修”或“今不取”的地方亦随处可见。李焘在修《长编》时，引用的许多书目、笔记，现今均已散佚，如《宋会要》《政要》和邵伯温的《辩证》等，为我们保存了许多文献资料。

第二，考证严密的收录原则。司马光在编著《资治通鉴》时，若遇到对一件事情有不同的记载，就以实录为基础，把其他史料依时间顺序附在后面，并说明自己取舍的依据和理由。这种做法一方面使史料不致遗漏，另一方面也给后世考证提供了方便。李焘也参照了这样的做法。在选取史料时，他并不依据政见或具体的人来取舍，而是秉持客观的态度，尽量收录各种材料，一事往往据三四种资料纂成，且考证详密，对于各种材料的出处、取舍、真伪，均加以说明，使得“众说咸会于一”。如在记录王安石变法这段时间的事件时，李焘本人倾向于支持司马光等守旧派，因此他采录了大量司马光、文彦博、邵伯温等守旧派的材料，但同时采录了王安石、沈括等变法派的材料，使得《长编》对这段历史的记述更加全面、客观。

第三，采用“厚今薄古”的编撰原则。李焘认为，研究“当代史”比“古代史”更有益于当朝统治，所以他在编写《长编》时是“近则事详，远则事略”，即对年代距今越近的事情记录得越详细，对年代距今越远的事情记录得越简略。因此，从现存《长编》的卷数来看，距李焘最远的太祖朝是每年1卷，之后的太宗朝每年1卷有余，真宗、仁宗、英宗三朝每年2卷多，神宗朝增加到每年9卷，哲宗朝则每年增至15卷。徽宗、钦宗两朝的《长编》遗失，按作者的标准，可推测其篇幅应比哲宗朝多许多卷。李焘在淳熙元年（1174年）的进表中说，神宗、哲宗、徽宗、钦宗60年间，“其事迹比治平以前特异”，故增加了许多内容。他要通过这部巨著，来昭明北宋历朝皇帝的丰功伟绩，为当朝（南宋）皇帝提供有益的借鉴。

二、艺文名篇

四川这块宝地上诞生了许多文学巨匠、才子人杰。文学家们尽情地歌咏家乡的风物，创作了许多千古名篇。不仅如此，唐代还出现了“天下诗人皆入蜀”的景象，当时文坛极具分量的诗人都有入蜀的经历，并且游蜀期间大多是他们文学创作的高峰时期。在他们笔下，蜀中的旖旎风光、远古历史、神话传说都一一化为夺目的艺术意象。

（一）《蜀都赋》

中国古代文学史上有名的《蜀都赋》一共有2篇，分别由不同时期不同的文学家所作。第一篇是西汉时期成都文学家扬雄所作，他以极尽夸赞的言辞，描写成都之壮美秀丽。第二篇是西晋时期山东临淄（今淄博）的文学家左思所写，系他所著的《三都赋》（另有《吴都赋》《魏都赋》）中的一篇，据传当时人们为传抄此赋，以至于都城洛阳的纸供不应求，故有“洛阳纸贵”之说。

扬雄的《蜀都赋》作于汉成帝永始年间，开篇便讲蜀都的历史和地理，

“蜀都之地，古曰梁州。禹治其江，渟皋弥望，郁乎青葱，沃野千里”，接着从东南西北4个方位描写蜀都的物产，继而分别对蜀都的山川河流、蔬果五谷、风土人物等进行了描述，用极夸张的艺术手法表现蜀地的美丽富饶、多姿多彩，体现了他对故乡的热爱之情。如他写蜀都，“于近则有瑕英菌芝，玉石江珠。于远则有银铅锡碧，马犀象僰。西有盐泉铁冶，橘林铜陵，邛连卢池，澹漫波沦。其旁则有期牛兕旄，金马碧鸡。北则有岷山，外羌白马”。其笔下的成都城“雕镂扣器，百伎千工。东西鳞集，南北并凑。驰逐相逢，周流往来，方辕齐毂，隐轸幽輵，埃敦尘拂。万端异类，崇戎总浓般旋，阒齐啫楚，而喉不感概。万物更凑，四时迭代，彼不折货，我罔乏械。财用饶赡，蓄积备具”，这描绘了成都人流如织、车水马龙、商贾云集、货物丰富的场景，无一不展示了成都城的繁华。从语言上看，整篇赋词藻极度华丽。在他笔下，成都富饶、美丽、奇异，使人心生向往。但是由于过分追求“搜选诡丽”，致使很多片段怪字连篇，累赘繁复，读来十分拗口，让人感觉作家的想象十分丰富，但是文章真实性不足，有“包装”过度之嫌。

图 3-1　扬雄像

左思的《蜀都赋》同样以蜀都的历史和地理开篇，“夫蜀都者，盖兆基于上世，开国于中古。廓灵关以为门，包玉垒而为宇。带二江之双流，抗峨眉之重阻。水陆所凑，兼六合而交会焉；丰蔚所盛，茂八区而庵蔼焉”，继而又从蜀都的东南西北及中部分别进行描述，“于前则跨躡犍牂，枕倚交趾……于后则却背华容，北指昆仑……于东则左绵巴中，百濮所充……于西则右挟岷山，涌渎发川……其封域之内，则有原隰坟衍，通望弥博”，然后描述了当地物产、商业经济、人物等方面的特点，俨然一部小型的地方志。

值得一提的是，左思既不是蜀人，也没有文献显示其曾经到过蜀地，他的《蜀都赋》完全是通过自己询问到过蜀地之人，加上博览史书、方志以及搜集与蜀都相关的资料而完成的。左思秘书郎的身份为自己查阅史料提供了方便。在写作中，他尽量做到客观描述，不过分夸张。因此，虽然也具有词藻华丽的特点，但相较于扬雄的赋，左思的赋在某些方面对蜀都的描述更切合实际。他也曾经批评司马相如、扬雄、班固的赋“侈言无验，虽丽非经”（《三都赋·总序》）。

虽然描写对象、文章结构大致相同，两篇《蜀都赋》的创作目的却大相径庭。扬雄十分推崇司马相如，曾赞誉“长卿赋不似从人间来，其神化所致邪？”所以他作《蜀都赋》是向先贤司马相如致敬，加之他本来就是成都人，所以对家乡的描述自然极尽夸张之法，恨不能把所有华丽的词都用上。左思的《蜀都赋》是其《三都赋》中的一篇，他模仿《子虚》《上林》，虚设了魏、蜀、吴三国公子，各自夸赞本国都城的繁华富丽。在《魏都赋》的末尾，他肯定并夸赞了魏，曰：“日不双丽，世不两帝。天经地纬，理有大归。”而其他两赋中则没有这样的夸赞。究其原因，左思生活在晋初，天下统一未久，此时他肯定魏的目的其实是肯定晋，是赞颂晋统一天下的行为。因此，左思的《蜀都赋》并不是单纯为了夸赞蜀都的繁华，而主要是为其政治目的服务。但不可否认的是，即使创作目的不同，两篇《蜀都赋》都是美文，都给成都城做了效果极佳的“广告”。

（二）《蜀道难》

图 3-2　李白像

提起《蜀道难》，我们首先想到的是唐代大诗人李白的名篇。它被视为最能体现“诗仙”李白豪放飘逸风格的作品，也是整个唐代诗歌中最优秀的作品之一。唐人殷璠在《河岳英灵集》里称赞《蜀道难》“奇之又奇”。历代著名唐诗选本中，必有《蜀道难》。唐代以降，对《蜀道难》的赞美之声不绝于耳。这是一首读来令人“侧身西望长咨嗟”的诗。

全文以蜀道的艰难为中心。开篇第一句就是一个感叹：“噫吁嚱”，表现作者对蜀道之难的震惊。这3个字来自四川方言，《宋景文公笔记》载：“蜀人见物惊异，辄曰‘噫吁嚱’。”从内容上看，李白的《蜀道难》可分为3个部分。第一部分写蜀道开路难。从古蜀的传说入手，再到秦与蜀的历史，强调蜀道开辟的艰难。第二部分写蜀道行路难。诗人用了两种描写方法，一是直接描写法，如列举黄鹤、猿猱等飞鸟走兽都无法通过蜀道来正面强调山势的险峻，“黄鹤之飞尚不得过，猿猱欲度愁攀援”；二是侧面烘托法，通过描写山鸟悲号、瀑布飞湍、杜鹃夜啼、空山夜月等一系列山中景物，渲染山中空旷悲凉的气氛，来侧面烘托蜀道的不通人烟，“但见悲鸟号古木……又闻子规啼夜月，愁空山”。第三部分强调蜀道守卫难。蜀道有这样“一夫当关，万夫莫开”的地势，如果守卫的人反叛，那后果不堪设想，“所守或匪亲，化为狼与豺”。诗人把大胆的想象、奇特的夸张和远古神话传说都融合在一起，使整首诗都洋溢着浪漫主义的激情和艺术美，产生了与以往山水诗篇不同的审美体验。

中国文人的山水作品大多数描述自然的旖旎风光，呈现一种清丽的景致，而李白这篇《蜀道难》表现的自然却大不相同。山的高大崔嵬、山路的崎岖，都使人感到自然的不可抗拒和自身的渺小。这种恢弘的气象，是一种令人生畏的粗犷之美，由此产生了动人心魄的艺术力量。

关于这首《蜀道难》的主旨历来可谓众说纷纭，大概有如下几种观点：第一种观点认为此诗是谴责剑南节度使严武的暴戾，担忧朋友杜甫等人的安危；第二种观点认为此诗只是单纯地歌咏山川，因为李白是蜀人，他是借对故乡山川的描写来抒发思乡之情；第三种观点认为，这是李白自叹仕途艰难、功业难成，故借景抒怀；此外，还有的人认为此诗是送朋友入蜀而作。不管怎样，不可否认的是这是一篇震古烁今的佳作。

《蜀道难》其实是一个乐府旧题，属于《相和歌辞》。在李白之前和之后，都有以此为题的诗歌问世，而李白的这首诗一经问世便艳惊四座，成为同题诗歌中的巅峰，《蜀道难》这个诗题也因李白而受到更多关注。

在李白之前，以《蜀道难》为题的诗中较有名者为南朝梁简文帝萧纲的作品。他作了两首，第一首："建平督邮道，鱼复永安宫。若奏巴渝曲，时当君思中。"第二首："巫山七百里，巴水三回曲。笛声下复高，猿啼断还续。"同时期的文学家刘孝威也作有："玉垒高无极。铜梁不可攀。双流逆巇道。九坂涩阳关。"还有阴铿的同题诗："王尊奉汉朝，灵关不惮遥。高岷长有雪，阴栈屡经烧。轮摧九折路，骑阻七星桥。蜀道难如此，功名讵可要。"初唐时期的张文琮也写有："梁山镇地险，积石阻云端。深谷下寥廓，层岩上郁盘。飞梁架绝岭，栈道接危峦。揽辔独长息，方知斯路难。"由此可以看出，这些以《蜀道难》为题的诗歌都表现的是入蜀之路的艰险。

在李白的《蜀道难》引发了广泛赞誉和关注之后，数百年内都不曾有人以《蜀道难》为题进行创作，一直到了明朝才有新作。如明初的杨士奇，他的《东里全集》卷一中收录了一首《蜀道难》，开篇直接描写蜀地道路险峻，“蜀山峨峨连剑阁，百丈飞崖俯奔壑。逶迤鸟道出云中，江横石栈凌虚空”，而后通过正侧两方面来渲染强调蜀道之难，最后通过历史典故和现实境况的对比，反映蜀道难行。到了清代，乾隆皇帝也对《蜀道难》作了“创新”。他写剑门蜀道之易——“栈道险只不过如塞上山”，“却履剑阁如平地，凯歌士卒咸归家”，以衬托金川蜀道之难——“番窟冰途，宽不径尺。下临千仞涧，上倚凌云壁”。

总之，蜀地的山水为文学家们提供了源源不绝的创作灵感，以《蜀道难》为题的文学作品是我国文学宝库中的重要组成部分，它寄寓着诗人们的个人情感和对家国、社会等问题的关注。

（三）《上皇西巡南京歌》

《上皇西巡南京歌》是以成都为描写对象的一组七绝诗，共有10首，作者李白。天宝十四年（755年），安史之乱爆发。次年，安禄山在洛阳称帝，并进攻潼关，军队直逼长安，唐玄宗带着杨贵妃等离开长安避难。至德二年（757年），唐朝军队收复长安，在蜀中避乱的唐玄宗从成都回到长安，成都遂称南京。这组诗就是以此为背景而作，诗题中的“上皇”就是唐玄宗。诗人在诗中极力描绘成都之美。

其一：

胡尘轻拂建章台，圣主西巡蜀道来。

剑壁门高五千尺，石为楼阁九天开。

这首诗写的是玄宗西巡的缘由——安禄山的叛军进逼长安城，玄宗来到蜀地避难。剑门关高耸五千丈，楼阁仿佛建在九天云外。

其二：

九天开出一成都，万户千门入画图。

草树云山如锦绣，秦川得及此间无。

这首诗描写了成都的整体风貌，草翠树绿、山青云白，如同蜀锦一般，诗人感叹此景连长安都不可及。诗中“九天”指天空，这是把成都比喻为天堂。

其三：

华阳春树号新丰，行入新都若旧宫。

柳色未饶秦地绿，花光不减上阳红。

这首诗描写了成都的自然环境，由于气候原因，蜀地的草木丰于长安。这里的“新丰”指华清宫，是唐玄宗最喜爱的温泉行宫。

其四：

谁道君王行路难，六龙西幸万人欢。

地转锦江成渭水，天回玉垒作长安。

这首诗的意思是玄宗来到蜀地后，蜀道也不难了，六马大驾，万人夹道欢迎。成都的锦江如同长安的渭水，天边的雪山闪耀着银光，就好像长安的金銮殿。

其五：

万国同风共一时，锦江何谢曲江池。

石镜更明天上月，后宫亲得照蛾眉。

这首诗说天子的教化四海同一，强调成都锦江的风光不比长安的曲江池逊色。更何况成都还有石镜石，它比天上的月亮还明亮，宫女们正好可用它来照一照自己的眉毛画得好不好看。

其六：

濯锦清江万里流，云帆龙舸下扬州。

北地虽夸上林苑，南京还有散花楼。

这首诗说锦江的水太清了，可以洗涤蜀锦，它奔流入海，皇上正好可以坐龙船顺流下扬州。长安虽然有人人夸赞的豪华的上林苑，但是成都也有美丽的散花楼。

其七：

锦水东流绕锦城，星桥北挂象天星。
四海此中朝圣主，峨眉山下列仙庭。

这首诗将历史和神话结合起来，说锦江水围绕着成都城，江上有7座桥梁（指李冰治水时修建的桥梁），如同北斗星一样排列。四海之人听闻玄宗到来，都来到成都朝觐天子，连天上的神仙都来到峨眉山下聚会。

其八：

秦开蜀道置金牛，汉水元通星汉流。
天子一行遗圣迹，锦城长作帝王州。

这首诗也和上一首一样，将历史与神话相结合。秦惠文王用“金牛”欺骗蜀国人开通了蜀道，汉水仿佛与银河相接。如今天子来到了成都，成都也可以被称作帝王州了。

其九：

水绿天青不起尘，风光和暖胜三秦。
万国烟花随玉辇，西来添作锦江春。

这首诗再次强调了成都环境优美。成都天空碧蓝、水波青绿、空气洁净、气候温暖，胜过三秦之地。各国的佳人都随天子来到成都，更给成都增添了春色。

其十：

剑阁重关蜀北门，上皇归马若云屯。
少帝长安开紫极，双悬日月照乾坤。

这首诗是记述事件之作。剑阁历来是蜀地的北门，皇上回长安的马队如同天上的白云。少帝已经收复了长安，现在长安城里是日月双照、光满乾坤。

人们对这组诗主旨的争议历来较少，大多都认为其具有反讽意味。叛军临城，都城沦陷，国家处于危难之中，皇帝不得已出逃，但并不言“逃难”。比如，虽然走的是“难于上青天”的蜀道，诗中却说“谁道君王行路难”，因为皇上乘坐的是6匹马拉的华车，有万人夹道欢迎，还带着许多宫娥。虽然整组诗没有对“逃难”进行描述，但诗人的讽刺意味已经十分明显，从题目中的“西巡”一词就可以看出。

抛开诗中蕴含的政治意味，这组诗将成都描绘得十分美好。诗人将成都的自然风光、远古历史与神话融合在一起，给人一种浪漫的审美体验。

（四）《春夜喜雨》

《春夜喜雨》这首诗是中国文学史上被誉为“诗圣”的杜甫所作。杜甫的诗作中，写雨的逾50首，以“喜雨”为题的就有3首，但人们对《春夜喜雨》评价最高。近人李庆甲的《瀛奎律髓汇评》收录了纪昀对此诗的评价：“此是名篇，通体精妙，后半尤有神。”[①]这首诗是杜甫在成都时写的。杜甫于唐肃宗乾元二年（759年）来到成都。肃宗上元元年（760年），杜甫在友人的帮助下于成都浣花溪畔修建了草堂，还开辟了菜园，亲自下地耕种。入川后，杜甫创作了大量的诗歌，其一生创作的诗歌共1400多首，在成都创作的有近500首，占总数的三分之一，而且因为在四川的生活比较安定，他还创作了一些闲适诗。

图 3-3　杜甫像

① 方回．瀛奎律髓汇评[M]．李庆甲，集评校点．上海：上海古籍出版社，1988．

肃宗上元二年（761年）的春天，成都发生了春旱，在所有人都焦虑的时候，一场及时雨滋润了万物，于是诞生了这首脍炙人口的《春夜喜雨》：

好雨知时节，当春乃发生。
随风潜入夜，润物细无声。
野径云俱黑，江船火独明。
晓看红湿处，花重锦官城。

这首诗不仅咏物，还抒发了诗人的情怀。首联“好雨知时节，当春乃发生”，开篇就是一个“好”字，表达了诗人对这场春雨的喜爱。何谓“好雨”？知时节的雨就是好雨，在大地、农作物需要的时候“发生”的雨就是好雨。在传统的农业社会中，春雨对社会经济的发展起着关键作用。从先秦时期开始，求雨就是人类活动中很重要的一件事。“琴瑟击鼓，以御田祖。以祈甘雨，以介我稷黍，以穀我士女。”《诗经》中的这首《甫田》就描写了当时人们求雨的场景。

颔联“随风潜入夜，润物细无声”从听觉切入。雨随着风儿在夜里悄悄地下，滋润着万物。一个“潜”字写出了春雨的轻盈，道出了春雨的体贴。“润物细无声”，虽是无声，但若仔细聆听也是能听到的。这一联强调了雨水的“好”。雨水悄无声息而下，生怕惊扰了人们的美梦，并且是在晚上降下的，不会耽误人们白天的农事。这一联和首联一起把春雨拟人化了，她既知道时节，又选择在恰当的时候、以恰当的量降下，这真是一场通人性、解人意的雨。

颈联“野径云俱黑，江船火独明”从视觉切入。诗人描绘了一幅独具韵味的江上夜雨图。夜深了，由于下雨，小路是黑的，云也是黑的，到处都是漆黑一片，但是江上的渔火还亮着。这里的“黑”与“明”相对，因为四周都黑，所以渔火才是“独明”。一“黑”一“明”，对比十分强烈，同时诗

人也是在暗示雨夜漫长，雨水还将绵绵不绝。清人邵子湘评价这联：“十字咏夜雨入神。”（杨伦《杜诗镜铨》引）

尾联“晓看红湿处，花重锦官城”则是诗人的想象。在漫长的雨夜中，诗人听着雨声，想象明天起床后，花朵都被雨水淋湿了，显得沉甸甸、红艳艳的，整个成都城被这样的花海笼罩着。这样的美景，怎能不让人心生愉悦？不只花朵，田地中的农作物也得到了滋润，干旱的情况得到了缓解，随之而来的就是满山的春色了。诗人在此处营造了一个生机勃勃、充满希望的明天，使人不由得再次感叹：这是一场喜雨。

《春夜喜雨》这首诗，除了题目，全文不带一个“喜”字，读来却令人处处感觉欢喜。实际上诗人是将这种“喜”融进了整首诗中。开头就写在人们的翘首以盼中，雨水应时节而至，这是喜；然后写它在晚上悄悄地下，默默滋润万物，也是喜；最后诗人想象第二天城内姹紫嫣红的迷人景象，更是喜。这首诗和杜甫其他的诗作都不同，它让我们看到了一个不一样的诗圣，一个快乐的诗人。草堂生活的平静和安定，让这位忧国忧民的诗人终于也开心了起来，这也许是四川带给杜甫的“喜”吧。

第四章

文化遗存

四川文化读本

历史和自然都偏爱富饶美丽的天府之国，留下了众多的珍贵财富。这些自然景观、历史文化遗存，无一不具有重要的历史、艺术和科学价值。举世闻名的都江堰水利工程兼有世界自然遗产、文化遗产与灌溉工程遗产三大“世界级”身份，至今仍然灌溉着成都平原。历史悠久的峨眉山和青城山见证了佛道两教在四川的发展与传播，更是领衔两教名山，享誉世界，香火不绝。三星堆、金沙遗址为世人揭开了已消逝的古蜀国的神秘面纱，将四川地区的文明史向前推了两千多年。沧海桑田的藏彝走廊与茶马古道轻声吟唱着悠悠千年的民族间交流融合、文化传播、团结友爱的历史赞歌。此外，国家非物质文化遗产的重要代表川剧、蜀锦、蜀绣更是冠绝天下，精妙绝伦，惊艳了时光，驰名中外。

一、文化景观

（一）青城天下幽——道教圣地青城山

青城山位于四川省成都市都江堰市西南，距离成都市区约70千米，与都江堰水利工程相距约10千米。它是中国道教的发源地之一、中国四大道教名山之一、天师道的圣地，也是世界文化遗产、全国重点文物保护单位、国家5A级旅游景区。2000年11月，青城山和都江堰共同作为一项世界文化遗产被列入世界遗产名录。

图 4-1　青城山

青城山为邛崃山脉的分支，背靠岷山雪岭，面向成都平原，群峰环绕，林木青翠，曲径通幽，景区面积约200平方千米，主峰老霄顶海拔为1260米，共有三十六峰、八大洞、七十二小洞、一百零八景等景观，素有“青城天下幽”的美誉。

青城山的历史源远流长，相传早在黄帝时便有宁封子在青城山修道，黄帝拜其为“五岳丈人”，故青城山又称“丈人山”，与湖北武当山、安徽齐云山、江西龙虎山、陕西景福山合称“五大仙山”。唐玄宗开元时方更为现名。《名山记》《唐六典》《玉匮经》《道书》以及相关志书和杜光庭《青城山记》等均有关于青城山的记载。历史上很多诗人也在青城山留下了足迹、题咏，如杜甫、岑参、钱起、贾岛、陆游、范成大、吕大防、虞集、杨升庵等。

而让青城山名扬天下的还是其道教祖庭的地位。汉晋之时就有被称为“蜀中八仙”之一的阴长生、创立“李家道”的“八百岁公”李阿、被净明道尊为十二真君之一的道士陈勋等在青城山修道。东汉顺帝时，张道陵入蜀创立五斗米道（即天师道），并从鹤鸣山来到青城山结茅传道，后羽化山中。隋唐五代时，道教兴盛，青城山宫观遍布，道门的著名人物如彭晓、陈抟、赵昱、杜光庭、谭峭、王柯、薛昌、刘无名等都曾游历或隐居于青城山中修道，诸人在《历世真仙体道通鉴》中均有传，山中白云溪畔还建有“杜光庭读书台”。宋元以后，入山的道士更是不胜枚举，像道教新符箓派——清微派和神霄派的早期几代传人朱洞元、卫上卿、李少微、元右卿、南毕道、王文卿等皆为青城山道士。

青城山承载了悠久博大的道教文化，武术、膳食、易术、丹道、气功、科仪等都是青城山独特的文化形态。青城武术以玄门太极拳法和剑术见长，民间素有“南武当，北少林，峨眉弘佛法，探本上青城”之说；青城膳食则有白果炖鸡、青城茶、洞天乳酒、青城泡菜，合称“青城四绝”，并有着饮食与养生完美结合的中国名宴——青城山长生宴；古往今来，青城山道家易学都是巴蜀文化的重要内容之一，素有“易学在蜀，蜀在青城”之说；道家丹道对中国古代科技发展有巨大贡献，在中国道教领域影响深远；由道家科仪制度衍生而来的洞经音乐更深刻影响了中国古典音乐。

（二）峨眉天下秀——普贤道场峨眉山

峨眉山位于四川省乐山市峨眉山市，地处四川盆地的西南边缘，隶属邛崃山脉，主要由大峨山、二峨山、三峨山、四峨山4座山组成，最高峰万佛顶海拔为3099米。峨眉山地势雄伟，风景秀丽，有报国寺、洗象池、伏虎寺、龙门洞、舍身崖、金顶佛光等文化景观。其自然景观具有“雄、秀、

图 4-2　峨眉山

神、奇、灵”的特点，素有“峨眉天下秀”之称。

峨眉山是世界文化与自然双重遗产、全国重点文物保护单位、国家5A级旅游景区。峨眉山自然遗产极其丰富，有完整的亚热带植被体系，植物种类有3200多种，约占中国植物物种总数的1/10。它还是多种稀有动物的栖居地，动物种类有2300多种，其山路沿途有许多猴群，常结队向游人讨食，为峨眉山的特色景观。

在峨眉山有文字记载以来4000多年的历史中，山名最早见于西周时期，《华阳国志·蜀志》记载：“杜宇……以褒斜（在今陕西省汉中市）为前门，熊耳（在今四川省青神县境内）、灵关（在今四川省雅安市芦山县西北）为后户，玉垒（在今四川省都江堰市）、峨眉（在今四川省峨眉山市）为城廓。”《峨眉郡志》亦载：“云鬘凝翠，鬒黛遥妆，真如螓首蛾眉，细而长，美而艳也，故名峨眉山。”

峨眉山是普贤菩萨的道场，中国佛教四大名山之一，因此佛教文化是峨眉山文化的主要内容之一。无论是造像、建筑、礼仪、法器，还是音乐、绘画等，都蕴藏着浓厚的宗教气息。峨眉山现存文物古迹164处，其中有寺庙30座。寺庙与博物馆的珍藏多达6890件，其中属于国家定级保护的文物逾850件。如万年寺内供奉的宋僧继业铸造的重62吨、高7.85米的巨型普贤铜佛像，高5. 8米、共有7方14层、内外均铸有《华严经》经文、塔身铸有佛像4700余尊的华严铜塔以及明时暹罗国王所赠的《贝叶经》等，皆属精品，无一不具有极高的文化、艺术与历史价值。

历代文人墨客也留下了不少关于峨眉山的咏赞，诗人李白、杜甫、韦应物、钱起、岑参、吴筠、陈子昂、骆宾王、薛能、施肩吾、鲍溶、白居易、苏东坡等都有赞美峨眉山的诗篇传世。现代文豪郭沫若在二峨山下的乐山市沙湾区有故居，还曾为峨眉山题写“天下名山”之匾。

峨眉山茶史及茶文化在峨眉山文化中也占有相当重要的位置，峨眉山茶事活动可以追溯到峨眉地区最早出现原始农耕活动的时期，此后的历代高僧几乎都会种茶制茶，著名的中国名茶竹叶青、峨眉雪芽、峨眉白芽、妙品等都出自峨眉高僧之手。

（三）半生浮梦鹤鸣西——道国仙都鹤鸣山

鹤鸣山位于四川省成都市大邑县城西北12千米的鹤鸣乡，距成都约70千米，北依青城山，南邻峨眉山，西接雾中山，足抵川西平原，海拔1000余米，属岷山山脉，是中国道教发源地，古代剑南四大名山之一。

鹤鸣山古时又称“鹄鸣山”，因山形似鹤、山栖仙鹤、山藏石鹤而得名。从山形地貌上看，鹤鸣山“雄蜀川之西隅，据雾邑之北境，前望乎嵋巴，后枕乎绥荒”（《鹤鸣观记》），山势起伏轩翔，其状如鹤，三面环水，两溪合流，总体地貌是由浅墟逐渐过渡为高岭，契合道家顺其自然的思

图 4-3　鹤鸣山

想，也是中国传统堪舆观念中典型的“山环水抱，冲阴和阳”的风水宝地。

东汉顺帝汉安元年（142年）时，沛国丰（今江苏省丰县）人张陵（张道陵）于大邑县鹤鸣山倡正一盟威之道（俗称五斗米道，亦即天师道），奉老子李耳为教主，以《道德经》为主要经典。因此，鹤鸣山是举世公认的中国道教发源地、世界道教的圣地，被称为“道国仙都”“道教祖庭”。

鹤鸣山也一直是著名的修炼之地，传说先秦时的广成子（马成子）和西汉的周义山都在这里跨鹤飞升。著名道士如唐代杜光庭、北宋陈抟、明代张三丰等都曾在此修道。此外，唐求、文与可、陆游、杨升庵等诗人也都曾游览鹤鸣山，并咏题抒怀。

（四）始知神力无穷尽——砥柱中流乐山大佛

乐山大佛位于四川省乐山市南的凌云寺侧，乃依山凿成，大渡河、岷江与青衣江汇流于此。乐山大佛临江危坐，其与周围的凌云山、乌尤山、巨形卧佛等景点组成的乐山大佛景区属于国家5A级旅游景区。1996年12月，峨眉山-乐山大佛作为一项世界文化与自然双重遗产被列入世界遗产名录。

唐代海通禅师为减杀三江汇流的湍急水势，募集大量人力物力修凿大佛。大佛开凿于唐开元元年（713年），竣工于贞元十九年（803年），历时90年，时称“嘉州凌云寺大弥勒石像”，故其又名“凌云大佛”，“乐山大佛”乃后世之通称。

大佛通高71米，有发髻1021个，头宽10米，头高14.7米，眉长5.6米，鼻长5.6米，嘴巴和眼长3.3米，耳长7米，颈高3米，肩宽24米，手指长8.3米，从膝盖至脚背28米，脚背宽8.5米，脚面上可坐百余人。在乐山大佛左右两侧的崖壁上，凿有两尊身高均超过16米的护法天王像，还有数百龛共上千尊石刻造像，共同形成了一个庞大的佛教石刻艺术群。大佛右侧绝壁上盘旋有

图 4-4　乐山大佛

一条九曲古栈道，是唐代开凿大佛时留下的施工和礼佛通道，此道九转曲折、险峻奇陡，直通凌云山顶。史载大佛雕刻完成后，人们还曾建有一座7层楼阁覆盖之，时称“大像阁”“大佛阁”，其阁后废毁殆尽。乐山大佛具有一整套设计科学、隐秘巧妙的排水、隔湿以及通风系统，对保护大佛起到了重要的作用，“泉从古佛髻中流”（王士祯诗）即言此巧。这不禁让人感叹古人的精巧匠心。

乐山大佛为弥勒佛坐像，神威肃穆，是中国最大的一尊摩崖石刻造像。唐朝人崇拜弥勒佛，因其是能带来光明和幸福的未来佛，故用其像镇江。从造型上看，乐山大佛是具有典型中国特色的弥勒佛，与佛教典籍中印度佛像宽肩细腰与结跏趺式的造型截然不同。大佛双肩沉厚，胸部壮实，岿然端坐，双脚自然下垂，造型平稳，既符合唐代崇尚丰满的审美观念，也迎合了人们镇水祈福的心理需求。

千余年来，才人墨客于乐山大佛（凌云寺）游目骋怀，所作诗文无数。唐有岑参薛涛、司空曙、薛能，宋有苏轼、陆游、范成大、黄庭坚，明有张舆、曾介、安磐、罗绲，清有王士祯、张问陶、邵玺等，代不乏人，世有赞咏。

二、考古遗址

（一）青铜文明的见证——古蜀文化之源三星堆和金沙遗址

1. 三星堆遗址

三星堆古遗址位于四川省广汉市西北的鸭子河南岸，东距广汉市区7千米，南距成都40千米，距今已有5000至3000年历史，是由众多古文化遗存组成的庞大遗址群。三星堆遗址现存有最完整的月亮湾内城墙与东、西、南城

图 4-5 三星堆遗址出土的纵目面具

墙，是迄今西南地区发现的延续时间最长、范围最广、文化内涵最丰富的古国、古城、古蜀文化遗址。它的发现为证明已消逝的古蜀国的存在提供了重要证据，代表了公元前16世纪至前14世纪世界青铜文明的发展水平，把巴蜀地区的文明史向前推了2000多年。它证明了长江流域同黄河流域一样，亦存在过古文明，同样是中华文明的发祥地，被视作20世纪人类最伟大的考古发现之一。

三星堆遗址群范围广阔，规模巨大，分布面积达12平方千米，平面呈南宽北窄的不规则梯形。考古学家将其文化遗存大致分为四期，其中一期属于新石器时代晚期文化的早期堆积，二至四期则被归入商末周初的青铜文化，前后延续近2000年。目前，三星堆已被确定的古文化遗存分布点有30多个，其中最重要的包括南部的“三星堆”，北部的“西泉坎”，中部的“真武宫”“月亮湾”，东部的“狮子堰”，西部的“横梁子”“大堰村”“仁胜村”等。

三星堆出土了大量石器、陶器、铜器、金器、玉器等珍贵文物近千件，其中有高2.62米、被誉为“铜像之王”的世界上最大、最完整的青铜大立人像，宽1.38米的蜀人先祖蚕丛像的青铜纵目面具（世界上最大的青铜纵目面具），高达3.95米的世界上年代最久远、树株最高的青铜神树，长达1.42米的金杖，号称“边璋之王”的玉边璋等，俱为独一无二的稀世珍品。三星堆文物填补了中国青铜艺术、考古学、历史学、美学等诸多重要领域的空白，具有极高的科学、历史、文化、艺术价值以及鲜明的地方文化特征。它促使人们重新审视关于商代四川盆地的社会发展水平认知，验证了古代文献中对古蜀国的记载，证明了古蜀文化具有高度发达的青铜文明，是夏商时期的一个重要文化，并与中原文化存在一定联系。由于其自成一个文化体系，故被学界命名为“三星堆文化”。

2. 金沙遗址

金沙遗址位于成都市青羊区，是继三星堆之后四川地区又一重大考古发现。它是中国同时期出土玉器与金器最多的遗址，也是世界同时期出土象牙最密集的遗址之一。金沙遗址包括祭祀场所、大型建筑、一般住所、墓地等，面积约5平方千米，是公元前12世纪至前7世纪的古蜀国都城遗址。其规模仅次于三星堆，反映了商代晚期至西周时期古蜀文化的辉煌成就，是迄今成都地区发掘的规模最大的商周文化中心遗址。2007年，金沙遗址博物馆在遗址原址上建成，向公众展示神秘的古蜀文化和独特的青铜文明。

金沙遗址最初出土的珍贵文物有千余件，包括石器170件、金器30余件、象牙器40余件、玉器和铜器各400余件，陶器若干，此外还出土有总重量近一吨的象牙。金沙遗址的出土文物与三星堆的具有许多相似之处，但是它没有城墙。专家推测金沙文明的时间大概与三星堆文化的最后一期同时，应当是古蜀国的一次政治中心转移。在金沙遗址出土的众多金器中，黄金面

图 4-6　金沙遗址出土的太阳神鸟金箔

具与三星堆的青铜面具在造型风格与特点上基本一致，而其他的如金带、喇叭形金饰、圆形金饰等金器则为金沙遗址所独有。其中，镇馆之宝太阳神鸟金饰的图案于2005年8月被公布为中国文化遗产标志，亦成为目前成都很多地方使用的文化地标。金沙石器有石人、石虎、石蛇、石龟等，是迄今四川发现的年代最早、造型最精美的石器。青铜器则以小型器物为主，其中铜立人像与三星堆的青铜立人像相差无几。玉器更是巧夺天工，琳琅满目，其中最大的是一件高22.2厘米的翡翠绿玉琮，其造型与良渚文化出土的玉器几乎完全一致，表面雕刻有细若发丝的花纹与人形图案，堪称国宝级珍品。

迄今，有文字记载的成都建城历史最早可溯至战国晚期时张仪修筑成都城。而金沙遗址的发掘，改写了成都乃至四川的古代历史，对人们研究古蜀历史文化的起源、发展以及衰亡都具有重大意义。

三星堆和金沙遗址的出土文物打破并创造了诸多中国纪录以及世界纪录，其中多项还被中国世界纪录协会评为中国之最，堪称极具世界影响力的宝贵文化遗产。2017年5月，金沙遗址和三星堆遗址联合申报世界文化遗产。

(二)拜水都江堰——功在千秋的都江堰水利工程

都江堰位于成都平原西部的岷江之上，地处四川省成都市都江堰市（原灌县）西，距成都市区约50千米，距青城山约20千米，四川民间素有“问道青城山，拜水都江堰”之说。都江堰景区主要包括玉垒山、离堆、二王庙、伏龙观、玉女峰、安澜索桥、普照寺、灵岩寺、翠月湖等。都江堰水利工程是世界自然遗产（四川大熊猫栖息地）、世界文化遗产、全国重点文物保护单位、国家5A级旅游景区。2018年8月，都江堰水利工程成功入选世界灌溉工程遗产名录，成为拥有三大世界遗产头衔的项目。

都江堰始建于秦昭王末年（约前256—前251年），是蜀郡太守李冰父子在前人鳖灵开凿的水利工程的基础上组织修建而成的。两千多年来，都江堰水利工程一直发挥着灌溉防洪的重要作用，其灌溉区域涉及30多个市、县，面积近千万亩，是迄今全世界年代最久、存留并仍在使用的大型水利工程。成都平原能成为享誉古今、沃野千里的“天府之国”，它功不可没。

在李冰建堰初期，都江堰名为“湔堋”，直到宋代，相关文献中才第一次提到“都江堰”之名：“永康军岁治都江堰，笼石蛇决江遏水，以灌数郡田。”（《宋史》卷二百四十七《宗室四》）从此，人们便常用这一名称代指整个水利工程，并沿用至今。都江堰的建设，开创了中国古代水利史上的新纪元。这个庞大的水利工程科学地综合了防洪、灌溉、航运诸多功能。它的设计原理是依据江河出山口处的特殊地形、水势、水脉，充分利用当地东南低、西北高的地理条件，因势利导，最终实现“无坝引水，自流灌溉”。其主体工程由鱼嘴分水堤、飞沙堰溢洪道、宝瓶口进水口等部分组成，通过“分四六，平潦旱”“深淘滩，低作堰”“遇弯截角，逢正抽心”的设计自动分配内外江水量，既可以分洪减灾，又可以引水灌田，变害为利。后来的广西灵渠、安徽渔梁坝、浙江它山堰、山东戴村坝等一批古代著名的水利工程的建设，无不深受都江堰的启发与影响。

汉时司马迁游历西南，曾赴都江堰进行实地考察，他在《史记·河渠书》中记录下了李冰修建都江堰的不朽功绩。蜀汉时诸葛亮设兵护堰，并首设专职“堰官”对之进行维护管理，从而开启了设专职水利官员管理都江堰之先河。元时意大利旅行家马可·波罗游历都江堰，并在《马可·波罗游记》一书中记录下了当时的盛况：“都江水系，川流甚急，川中多鱼，船舶往来甚众，运载商货，往来上下游。”清同治时德国地理学家李希霍芬（Richthofen，1833—1905）来都江堰考察，并在《李希霍芬男爵书简》中设专章向世界详细介绍了都江堰，称赞“都江堰灌溉方法之完善，世界各地

图 4-7　都江堰

无与伦比”。清人诗词中亦多有赞美都江堰者，如山春《灌阳竹枝词》、何盛新《伏龙观》、董湘琴《游伏龙观随吟》、黄俞《都江堰》等。

当地围绕着都江堰形成了独具特色的都江堰水文化，其代表性文物及作品有出土的东汉李冰石像和“饮水思源”石刻，后世修建的带有纪念缅怀意义的二王庙、伏龙观、观景台等人文景观，歌颂李冰父子降龙治水的民间神话传说，祭水、祭神、祭人的诗词书画等。

清明放水节是都江堰最重要的传统民俗文化活动，于2006年5月被列入第一批国家级非物质文化遗产名录。放水节始于“祀水”，古时每到冬天枯水季节，人们便用杩槎截流筑成临时围堰，使岷江水流入内江或外江，然后

进行岁修。到了清明时，人们再在渠首举行隆重的仪式，撤除拦河杩槎，放水入灌渠，是为“开水”仪式。唐朝时岷江边举行的清明节“春秋设牛戏”就是最早的“放水节”。太平兴国三年（978年），北宋政府正式将清明节这一天定为放水节。当天，地方官员要亲自主持放水仪式，人们举行盛大庆典活动，祭祀李冰父子，祈求五谷丰登、国泰民安，然后拆除杩槎，让岷江水灌溉成都平原。如今，都江堰放水节活动作为极具巴蜀特色的旅游观光项目，于每年清明如期举行，为中外来宾了解古老的中国民俗文化提供了更为直观生动的展台。

三、历史文物

（一）摩崖奇观足风流——石窟艺术丰碑安岳石刻

安岳石刻位于四川省资阳市安岳县境内，现存摩崖石刻造像200余处、10多万尊，经文15窟、40余万字，被列为国家和省级文物保护单位的有卧佛院、毗卢洞、华严洞、茗山寺、玄妙观、圆觉洞、千佛寨等，还有罕见的石仿木古建筑木门寺。2008年，安岳石刻被列入国家级物质文化遗产名录。

安岳石刻开凿于南梁武帝普通二年（521年），盛于唐宋两代，延续至明清，止于民国，开凿形式主要为民间结社造像，几乎每个乡都留存有石窟造像遗址。其中，除了少数石刻遭受自然或人为破坏，大部分都保存完好，特别是宋代造像，达到了中国石刻艺术的巅峰，具有极高的美学意义和观赏价值。其造像多数为摩崖造像，以佛教题材造像为主，有少量造像为道教或

图 4-8　安岳石刻

三教合龛像，还有些是对社会现实生活的描绘。其艺术风格既蕴含婉雅清逸、骨秀俊相的南北朝遗风，又体现了面颐丰美、体态健壮的唐代风韵，同时还带有雕工精美、装饰华丽的宋代特色。

安岳石刻拥有几项中国之最，包括：唐代最大的左侧石刻卧佛以及21万字的石刻佛经，中国最精美的观音经变像毗卢洞北宋紫竹观音造像，唐代最大的道教石刻群玄妙观，五代最集中的石窟群庵堂寺等。此外，华严洞的华严三圣、圆觉洞的宋刻西方三圣石像、茗山寺近40身4米~7米高的造像、孔雀洞的唐代高台座经目石塔，都是安岳石刻的重要文物。

安岳石刻承载着博大精深的文化艺术内涵，从不同角度反映了当时社会的宗教信仰和世俗生活风貌，是研究我国古代雕刻艺术和古建筑，以及佛教、道教发展史不可多得的历史实物与珍贵材料，具有极高的史学和艺术价值。我国著名美学家王朝闻称赞其具有“古、多、精、美”的特点。

（二）西风残照汉家阙——建筑活化石渠县汉阙

渠县位于四川省达州市西南部，境内现存6处汉晋石阙，主要分布在土溪、岩峰两镇，是我国现存时间较早、保存较完整的仿木结构建筑遗存。其中，最著名的沈府君阙和冯焕阙早在1961年就被列为全国重点文物保护单位。2001年，国务院公布第五批全国重点文物保护单位，将蒲家湾无铭阙、王家坪无铭阙、赵家村两处无铭阙与冯焕阙、沈府君阙合并，合称“渠县汉阙”。据统计，目前全国现存汉阙40处，四川有22处，而渠县就有6处7座，故渠县也被誉为“中国汉阙之乡”。

渠县汉阙代表之一的冯焕阙位于土溪镇赵家村，建于东汉安帝建光元年（121年），原为双阙，现仅存东阙母阙。沈府君阙位于汉碑乡汉亭村燕家场，是现存汉阙中唯一的双阙幸存者，约建于东汉安帝延光年间，但子阙

图 4-9　渠县汉阙

已经毁废。蒲家湾无铭阙位于汉碑乡团林村的小道旁，原为双阙，现仅存东阙，西阙及子阙已毁。其阙身与渠县诸阙不同，系由两巨石相接而成。赵家村西无铭阙位于土溪镇赵家村西，原为双阙，现仅存右阙，该阙可能为西晋时所建。赵家村东无铭阙位于土溪镇赵家村东，原为双阙，现仅存东阙，建造年代晚至西晋。王家坪无铭阙位于青神乡平六村王家坪，原为双阙，现仅存东阙，建造年代晚至西晋。

汉晋时期，渠县是川东北地区的政治、经济、文化中心，其文化是巴蜀文化的重要组成部分之一。当时社会民俗方面的一大特色就是有钱人家厚葬之风盛行，而渠县6处汉晋石阙正是这种背景下的产物。汉阙又有石质“汉书”之称，是我国古代建筑的“活化石”。渠县现存汉阙由阙基、阙身、枋子层、介石、斗拱层、屋顶6个部分组成，是完整的石质仿木结构建筑。

其阙基由整块石料凿成，平面呈矩形。阙基之上矗立着用砂石做成的阙身，楼部由4层大石块叠就。其建造风格稳重古朴，雕刻精巧简练，状物生动逼真，独具一格，充分展示了汉晋时期高超的建筑、艺术技巧。阙周遍布反映当时社会生产生活的人物、动物和农作物的浮雕，是研究汉晋生产、生活、建筑、交通以及书法、绘画、雕塑艺术的难得的实物资料。

附：

雅安高颐阙：高颐阙位于四川省雅安市，始建于东汉建安十四年（209年），是东汉益州太守高颐及其弟高实的墓阙。高颐为官清明，刚正不阿，深受当地百姓爱戴。高颐阙是东汉末的石刻精品，双阙相距约13.6米，东阙今仅存阙身，西阙主阙高6米，子阙高3.39米，阙前有一对雌雄石兽，为汉代石阙艺术中典型的“天禄”“辟邪”形象。

夹江杨公阙：杨公阙位于四川省乐山市夹江县甘江镇双碑村，始建于东汉晚期，南宋淳熙元年（1174年）重建，是三国时期益州太守杨宗的墓阙。杨公阙双阙并立，相距13米，高4.86米。西阙阙身镌刻有“汉故益州太守杨府君讳字德仲墓道”。双阙阙身上半部皆雕刻有立柱、巨梁、横坊、斗拱，周边刻有龙虎、力士等图案。

四、廊道遗产

（一）沧海桑田一带间——藏彝走廊

藏彝走廊处于青藏高原东南部，主要指川、藏、滇三省相邻处，是由一系列南北走向的河流、山系所构成的高山峡谷区域。“藏彝走廊”的概念是

1980年前后由中国著名人类学家费孝通教授提出的。费孝通教授将中国西南方的3条主要河流——怒江、澜沧江、金沙江并流的区域称为藏彝走廊。除此之外，也有四川学者指出，这个区域还应包含3条长江的主要支流——雅砻江、大渡河及岷江，这样一来便形成六江流域。在河流之间是南北向的横断山脉区，从青藏高原流出的滚滚江水将其切割成深峻峡谷，构成了一个东西交通运输的天然屏障，沿着河流却是一条自然通道。①

藏彝走廊具有非常丰富多元的自然生态环境，以及多彩多姿的少数民族文化。早在旧石器时代，藏彝走廊就已是人类重要的活动地带之一，那时主要是作为自然的地理走廊而存在，其成为历史及民族走廊则是新石器时代以后的事。从考古资料来看，藏彝走廊的形成期在距今6000年前后。到距今4000年的夏王朝建立时，藏彝走廊进入了活跃期，其间经过若干阶段，一直持续到公元13世纪。以元朝的建立为标志，藏彝走廊进入了较为稳定的时期。明清时期，由于彝语支民族的东扩与北上，加之汉族和回族开始大量进入，该区域民族之间的融合现象非常突出。

藏彝走廊的活跃期持续了3000多年，可以粗略划分为3个阶段：先秦时期、秦汉西晋时期、东晋至唐宋时期。先秦时期活动于藏彝走廊的历史民族或族群大都属于古藏缅语族人群，大概有蜀、羌、青衣、僰、髳、邛、筰，以及缅人先民和一些石棺葬族群。石棺葬文化在藏彝走廊新石器时代晚期文化中已开始出现，至商代以后开始流行，几乎遍及整个藏彝走廊。以石棺葬文化为代表性特征的历史族群的出现，是先秦阶段藏彝走廊的一个显著特点。②

秦汉西晋时期是藏彝走廊活跃期的第二阶段。随着郡县的设置和官道的

① 石硕．藏彝走廊：文明起源与民族源流[M]．成都：四川人民出版社，2009．

② 李星星．藏彝走廊——群山峻岭间的沧海桑田[EB/OL]．中国西藏网，2004-02-28[2020-02-28]．www.tibet.cn/cloud/periodical/n/e/f/10779479219.shtml．

开辟，一些地方被纳入帝国行政建制，藏彝走廊的历史民族或族群开始较多地出现在《史记》《汉书》《后汉书》《三国志》等正史记载中，可以被大致分为氐、羌、夷三大类。除了夷中某些族群可能使用不同语言，其余的均属古藏缅语族群集团。[①]司马迁还首次以“西南夷”概括藏彝走廊中的历史民族及其所在方位。

东晋至唐宋时期是藏彝走廊活跃期的第三阶段。此时活动于藏彝走廊的历史民族众多，其发展主要表现为民族地方政权的建立及消长，尤以吐蕃和南诏的历史影响最为深远。藏文化的东渐是较突出的历史文化事件，藏传佛教凭借其强大的渗透力从西向东、从北向南，覆盖了藏彝走廊的大部分地区，从而构成了后来“北藏南彝”的民族分布格局。

有史以来，在藏彝走廊中居住活动的历史民族或族群大都属于古藏缅语族的各个不同语支，这是藏彝走廊较突出的历史文化特征之一。而有关炎黄、嫘祖、颛顼、鲧、大禹等华夏祖先的神话传说，也都与藏彝走廊有关。藏彝走廊是目前中国民族种类最多、支系最复杂，而且民族文化的原生形态保存较好的区域之一，所以它在中国的民族区域格局中具有非常重要的典型意义。藏彝走廊大体上可被划分为7个文化区[②]：一是尔玛（羌）文化区，这个区域的特点是族群说羌语（尔玛语），存有羌戈大战的历史记忆，并有以释比（巫师）为代表的民间宗教信仰体系。二是嘉绒文化区，包括岷江上游河谷以西及大渡河上游地区，其特点是族群使用嘉绒藏语，苯教信仰根深蒂固。三是康巴文化区，它是域内最大的一个文化区，也是藏族的三大方言区之一，藏传佛教是其显著特点。四是彝文化区，主要分布有彝族，突出特色

① 李星星．藏彝走廊——群山峻岭间的沧海桑田[EB/OL]．中国西藏网，2004-02-28[2020-02-28]．www.tibet.cn/cloud/periodical/n/e/f/10779479219.shtml．

② 石硕．关于藏彝走廊的民族与文化格局——试论藏彝走廊的文化分区[J]．西南民族大学学报（人文社会科学版），2010,12．

是族群使用彝语并有彝文，历史记忆非常清楚。五是纳系文化区，主要位于川、滇、藏交界的金沙江上游和雅砻江下游，包括以“纳”为基本族称的众多人群支系，在语言及文化上具有诸多相通性，故被统称为“纳系民族”。六是雅砻江流域及其以东地区保留“地脚话”的藏族支系文化区。七是一个相对独立的地理单元，主要包括怒江傈僳族自治州的傈僳族、怒族、独龙族等，各族在自称、语言等方面都存在明显差别，生存环境却颇为相似，常常交错杂居，联系紧密。

这几年，有关藏彝走廊的研究已经逐渐成为民族学领域的热点。2003年，四川大学藏学研究所和中国西南民族学会在成都联合举办了首届藏彝走廊历史文化学术讨论会。作为藏缅语民族的起源、发展、融合、分化以及演变的重要历史文化沉积带，藏彝走廊具有复杂多样的民族文化现象。目前，藏彝走廊的农牧文化、丧葬文化、“沟”域文化单元、语言活化石等文化现象都已得到了学界的重视，为我们了解民族、文化和地理环境之间的关系提供了重要的启示。

（二）山间铃响马帮来——汉藏桥梁茶马古道

茶马古道是一个具有特定含义的历史概念，指存在于中国西南地区、以马为主要交通工具、因汉藏进行茶马交换而形成的一条民间商贸交通要道。茶马古道本源于古代西南边陲的茶马互市，兴于唐宋，盛于明清，在第二次世界大战中后期时最为兴盛，是中国西南民族经济文化交流的重要通道之一。2013年3月，茶马古道被列为第七批全国重点文物保护单位。茶马古道分陕康藏道、陕甘道、滇藏道，连接川、滇、藏，延伸入不丹、尼泊尔、印度境内，直抵西亚、西非红海海岸。3条大道中，陕康藏道开通最早、运输量最大，历史影响重大。

川藏茶马古道是始于汉代的陕康藏茶马古道的一部分，以今四川省雅安市的产茶地区为起点，先进入康定，自康定开始又分为南、北两条支线：南线经雅江、理塘、巴塘、芒康、左贡至昌都（即今川藏公路南线）；北线则经道孚、炉霍、甘孜、德格、江达至昌都（即今川藏公路北线）。两线都经由昌都通往卫藏地区。川藏茶马古道全长4000余千米，是古代西藏和内地之间必不可少的桥梁和纽带，其中最繁华的茶马交易市场在康定。

我国茶叶多产于南方，四川是我国也是世界上种茶、饮茶文化的发源地。秦汉以前，全国只有四川一带的人饮茶并从事茶的生产。从唐代开始，全国各地盛产茶叶，四川绵州（今绵阳）、蜀州（今崇州）、邛州（今邛崃）等地的茶叶就流入了西藏地区，开启了藏族人民饮茶的历史。唐宋时期，内地的茶叶主要是经由青藏道输往西藏地区。北宋熙宁以后，朝廷在四川设置了茶马司，将四川年产3000万斤茶叶的大部分运往甘肃、青海地区，还设置了卖茶场和买马场进行互市，并规定名山茶只许每年用以买马而不得作他用，从而使青藏道由唐代的军事政治要道变为茶道。明清时期，形成了由雅安经康定至拉萨的茶道，即今天的川藏道，取代了青藏道成为官道。鸦片战争以后，英国为了侵略西藏，力图使印茶取代华茶在西藏行销。这一时期，反对印茶销藏、保护川茶销藏成了西藏地方政府反抗英国侵略的重要方式。

图 4-10　茶马古道上的“背背子”

川藏道崎岖难行，开拓条件十分艰苦，且气候恶劣，一路上有许多人烟稀少的草原、辽阔的平原、茂密的森林、汹涌的河流、陡峭的岩壁、巍峨的雪峰等。小部分货物靠骡马驮运，大部分货物靠人力搬运，这些人称被为“背背子”。川藏茶道的开拓，促进了川藏沿线商业城镇的兴盛繁荣，并加强了西藏与内地之间的联系。藏传佛教在茶马古道上的广泛传播，还进一步促进了藏族、纳西族等各兄弟民族之间的经济往来与文化交流，增进了民族间的友谊。沿途地区的宗教、文化、艺术、风俗也得到了发展，茶马古道沿途的岩石上经常可见绘制雕刻的大量佛陀、菩萨、高僧、动物、日月星辰等各种形象与图案。

五、非物质文化遗产

（一）蜀戏冠天下——嬉笑怒骂皆是戏的川剧

川剧俗称川戏，是主要流行于川、渝、云、贵3省1市汉族地区的传统戏曲剧种，它融汇了四川本地民间灯调以及由外省传入的昆腔、胡琴（即皮黄）、高腔、弹戏（即梆子）5种声腔艺术，使用四川话念与唱。川剧语言幽默风趣、生动活泼，充满鲜明的地方特色，具有浓郁的生活气息与广泛的群众基础。其常见的舞台剧目多达数百，唱词妙语连珠，器乐帮腔烘托，“变脸”“喷火”“水袖”独树一帜。2006年5月，川剧被列入第一批国家级非物质文化遗产名录。

川剧的历史尚无完全定论，早在明代即有川剧戏班在省内各地演出，而其源头或可追溯至晚唐“杂剧”、南宋“川杂剧”。唐时四川杂剧在国内的影响非常大，当时四川出现了由干满川、白迦、叶硅、张美和张翱5人组成的中国戏曲史上最早的戏班，《刘辟责买》《麦秀两岐》《灌口神》著名川剧曲目在此时开始流行于全国，甚至出现了“蜀戏冠天下”的局面。到了五代时，后唐庄宗李存勖将杂剧推向了巅峰，他也因此被奉为川戏的祖师爷之一。明末清初，随着移民入川以及各地会馆的建立，多种南北声腔剧种相继流播于四川各地，并与四川方言俗语、民风曲艺、民歌小调相融合，逐步形成了具有四川特色的声腔艺术。清代雍正、乾隆年间，昆腔等4种唱班为适应群众的欣赏习惯，将其表演与四川语音、习俗结合，逐渐在艺术上具有了共同的四川本土艺术特色。清末民初的人们统一称之为“川戏”，后改称“川剧”。而最早使用“川剧（川戏）”这个称呼的是在辛亥革命影响下由康芷林等人组成的著名班社“三庆会”。

川剧音乐博采众长，广泛吸收了苏、皖、鄂、赣、陕、甘各地声腔的特色，最后形成了含有高腔、昆腔、胡琴、灯调、弹戏5种声腔以及锣鼓伴奏、唢呐曲牌、琴笛曲谱等的综合音乐形式。其中川剧高腔是没有乐器伴奏的“一唱众和”的徒歌形式，以帮打唱为主，结合了四川方言、劳动号子、民间歌谣、发问说唱等形式，曲牌丰富，题材广泛，适合多种文词格式，唱腔美妙动人，极具地方特色，是川剧的主要演唱形式。昆腔则多为文人之作，格律规严，词白典雅，主奏乐器是笛子，演唱时特别讲究字正腔圆，节奏缓慢，如今已渐衰微。胡琴是西皮腔与二黄腔的统称，以小胡琴为主要伴奏乐器，包括正调（二黄）、阴调（反二黄）、老调3种基本腔。弹戏以盖板胡琴为主要伴奏乐器，源于陕西的秦腔梆子系统，故又有“川梆子”之称。灯调主要由胖筒筒、发间小曲和神歌腔组成，最早源自四川民间迎神赛社或灯会时的歌舞表演，多为生活小戏与民歌小调，呈现出浓郁的生活气息。

川剧分旦角、小生（文生）、须生、花脸、丑角五个行当，尤以丑角、小生、旦角的表演最具特色，在表现手法、技法方面多有创造，充分体现了中国戏曲形意结合、虚实相生的美学特色。

川剧脸谱可谓川剧艺术的重要组成部分之一，是历代川剧艺人集体智慧的结晶，无愧于艺术瑰宝之称。川剧脸谱是活谱，具有个性化与多样化特征，这在其他地方剧种中极为少见。在保持剧中人物基本特征的前提下，川剧演员可以根据角色的特点创造性地绘制脸谱，以取得别具一格的演出效果，如在人物脸上勾画具有寓意性和象征性的图案或文字，用动物图案表现人物的性格特征等。随着剧情转折与人物内心情感的变化，脸谱也会出现相应的变化。因此川剧艺人创造性地发明了变脸、扯脸和擦暴眼等人物脸谱瞬间变化的特技，从而实现了更好的舞台演出效果。其中，变脸是川剧表演中著名的特技，它有拭、揉、吹、抹、戴、画、憋、扯几种方法，可用于揭示剧中人物的思想感情变化，成为现今人们观赏川剧的必看项目之一。

川剧流派按艺人师承关系可分为：旦行浣（花仙）派、丑行傅（三乾）派、曹（俊臣）派等。按声腔流行地区可分为：川西派（以成都为中心的地区）、资阳河派（自贡及内江）、川北派（南充及绵阳的部分地区）、川东派（川东及重庆一带）。

川剧剧目繁多，素有“唐三千，宋八百，数不完的三列国”之说。传统剧目有“五袍”（《红袍记》《青袍记》《白袍记》《黄袍记》《绿袍记》）、“四柱”（《水晶柱》《碰天柱》《五行柱》《炮烙柱》）、“四大本头”（《琵琶记》《红梅记》《金印记》《投笔记》）以及“江湖十八本”等，其中不少剧目是其他剧种早已失传的。如今经过艺人及研究者的整理和创新，还推出了一批新的优秀川剧剧目，如《绣襦记》《玉簪记》《王熙凤》《柳荫记》《欲海狂潮》《花田写扇》《芙蓉花仙》《中国公主杜兰朵》《尘埃落定》《金子》《文成公主》《马前泼水》《薛宝钗》《变脸》《金沙江畔》等。这些川剧剧目为世人所喜爱并远涉重洋，传遍世界，如川剧名戏《白蛇传》就在国外流传甚广。

川剧成于明清，兴于民国，抗日战争之后却渐衰。20世纪七八十年代，四川喊出了“振兴川剧”的口号。自2009年起，《川剧传统剧目集成》已整理出版15卷，此外还出版有《川剧经典折子戏》《川剧辛亥革命剧本选》《川剧精华》等书籍以及《川剧名家名段》等系列光碟，都对保存川剧文化有积极意义。四川省艺术研究院还启动了“川剧河道艺术抢救保护”项目等，建立了“国家级非物质文化遗产川剧传习与展示基地”，便于川剧的传承保护工作在全川范围内更加全面地展开。2015年12月，由四川省精神文明办公室、四川省文化厅、四川省教育厅主办，四川省艺术研究院、四川省川剧院、四川省非物质文化遗产保护中心、成都市教育局承办的“四川省首届中小学川剧传习普及展演”在四川省川剧院举行，可见中小学生也已成为保护、传承和传播川剧文化的重要群体。

（二）锦绣斐成濯江波——蜀中之宝蜀锦和蜀绣

1. 蜀锦

蜀锦指蜀地（成都地区）生产的丝织提花织锦，兴于春秋战国而盛于汉唐，有两千多年的历史，影响深远，也是日本国宝级传统工艺品京都西阵织的前身。蜀锦大多以彩色经线起花，用条形、方形、几何图案和纹饰相结合的方法织成，富丽典雅，纹样对称，四方连续，对比性强，集民族传统风格、历史文化底蕴以及浓郁的四川地方特色于一体。它与南京云锦、苏州宋锦、广西壮锦并称为中国四大名锦。2006年，蜀锦织造技艺被列入第一批国家级非物质文化遗产名录。成都蜀锦织绣博物馆是蜀锦工艺的传承单位之一。

蜀锦工艺是中国染织传统工艺的重要组成部分，由丝织准备工艺、丝织织造工艺、绞丝练染工艺及纹制工艺4部分组成。蜀锦图案取材丰富广泛，无论是神话传说、历史故事，还是花鸟禽兽、山水人物，皆可入锦。其中寓合纹、龙凤纹、花鸟纹、团花纹、卷草纹、几何纹、对禽对兽纹以及晕裥、方方、条锦群等传统纹样，对后世锦缎染织图案的发展具有深刻影响。蜀锦“凡锦样必有寓意”，最突出的特征是选用动植物、自然景物、字纹、器物、几何纹作题材，依其形、取其音、择其义，组合成含有一定象征意义的纹样图案。

四川古称“蜀”“蜀国”“蚕丛国”，远古时期的蚕丛氏已懂得养殖蚕桑，故四川丝绸起源最早，是中国丝绸文化的主要发源地之一。蜀锦原材料为蚕丝，因其生产工艺繁复，珍贵难得，素有“寸锦寸金”之说。公元前316年秦灭蜀后，在成都设置锦官管理刺绣织锦事宜，因此成都亦被称为“锦官城”，简称“锦城”。汉朝时织锦业已经成为蜀地一个重要产业，环绕成都的锦江也是因有众多织工在其中洗濯蜀锦而得名。丝绸之路开通后，蜀锦便被先运送到长安，再转至西域、西亚、欧洲诸国。蜀汉诸葛亮南征时，也把蜀锦织造工艺传播到了西南各地，使民族地区的织锦技术有了很大发展。隋唐时，无论是生产规模还是技巧工艺，蜀锦都进入了鼎盛时期，可谓代表了当时中国丝织技艺的最高水平。当时蜀锦大量流入日本，被日本视为国宝，至今日本京都正仓院、法隆寺仍有收藏。北宋时期，朝廷建成都府锦院，主要生产皇室及贸易用锦。清朝更将织造府迁至成都，从而促成了蜀锦的黄金时代。现代蜀锦生产恢复于20世纪50年代中后期，采用现代技术织造，保持了蜀锦色泽饱满、立体感强的传统特点，极大程度地提高了产量，市场占有率较高。

2. 蜀绣

蜀绣起源于川西民间，又名“川绣”，为中国国家地理标志产品，与苏绣、湘绣、粤绣并称为中国四大名绣。1915年，蜀绣荣获巴拿马国际金奖；1982年，获全国工艺美术品百花奖银奖；2006年，被列入第一批国家级非物质文化遗产名录。

蜀绣以软缎、彩丝为主要原料，分为单面、双面刺绣。其刺绣技法独特，有12大类122种精巧的针法，常用的有晕针、滚针、铺针、截针、沙针、掺针、盖针等。蜀绣针法细腻、针脚平齐、片线平整、构图疏朗、色彩明艳。其题材多为花鸟、走兽、山水、虫鱼、人物，如北京人民大会堂的“芙蓉鲤鱼”巨幅座屏、双面异色的“水草鲤鱼”座屏、“蜀宫乐女演乐图”挂屏、“大小熊猫”座屏等，都是蜀绣中的杰出代表。

迄今可见最早记载蜀绣的文字资料是西汉文学家扬雄《绣补》一诗，作者在诗中高度赞扬了蜀绣技艺。东晋常璩在《华阳国志·蜀志》中将蜀绣与蜀锦并列，视为蜀中之宝。两汉三国时期，蜀锦、蜀绣驰名天下，蜀国经常用它去交换北方的战马及物资，是其重要的财政来源。时至宋代，蜀绣之名享誉神州，文献记载蜀绣技法“穷工极巧”，蜀锦、蜀绣更是“冠于天下”。最初，蜀绣主要流行于民间，制作者分布在成都平原，制作工艺世代相传。清朝中叶以后，才逐渐形成蜀绣行业，尤以成都科甲巷、九龙巷一带的蜀绣最为著名。其产品以本地织造的红绿等色之缎和重要的散线为原料，有官服、鞋帽、裙子、花边、卷轴、枕套、被面、嫁妆、镜帘、帐帘、条屏等，题材多含吉庆寓意，具有民间色彩。

蜀锦与蜀绣都是四川传统丝织技艺的结晶，历史悠久，各有千秋。两者不同之处在于，蜀锦是一次成形，直接通过经纬线的交织将纹样织进织物中；而蜀绣则是在丝缎上进行二次加工，通过针线将图案绣在织物上。

（三）月明羌笛云朵间——羌族的精神领袖释比

释比是羌族中最权威的文化人和知识集成者，其在羌族不同地区的称呼有多种，如“比”“许”“释古”等。释比被尊奉为可以连接生死界、直通神灵的人。他具有丰富无比的社会经验，熟悉本族古老的社会历史和神话传说，同时还具备一定的医药常识，能诵经咒，从事巫术活动，在羌族社会中具有较高的社会地位，甚至起到精神领袖的作用。

在生产力低下和科学、文化不发达的条件下，羌族的祖先们相信事物的变化和运动是受制于隐在其中的灵性，这种灵性的神秘力量对人有利害关系，能带来吉凶福祸。羌人根据灵性所致的善恶结果产生了善神恶鬼两种截然相反的观点。①古时的部族酋长也是宗教领袖，一人身兼酋长、祭司、巫师等多重身份。这后来逐渐演变成了释比，一切敬神、压邪、治病、送穷以及成年冠礼、婚丧事均由释比包办，其还扮演巫师、医生、司祭等角色，在羌族人心中拥有崇高的地位和威信。近代释比的传承是通过师徒相授的形式完成的，学艺时间为3至9年不等。

所有释比的经典都是通过世代口耳相传、口传心授的方式传承下来的，在汉文史籍中少有记载。从传承体系上看，一般以地域区分，茂县的二里寨释比经典、汶川县雁门的释比经典、理县桃坪的释比经典、汶川县龙溪的释比经典、汶川县绵池沟头的释比经典等，都各成体系②，但其中关于祖先、天神、历史等方面的内容则基本相似。释比经典一般分为上中下三坛，上坛经典内容主要是向神灵许愿还愿；中坛经典主要是向神灵祈求人畜两旺、村寨或家庭无灾无难；下坛经典是赶鬼治病，为凶死者超度招魂等。③释比经典具有较强的文学性和艺术性，行文多用排比、比喻和对偶，读之铿锵有力、节奏感强，生动形象，富有民族特色，具有强烈的感染力。释比经

---

① 周毓华．“释比”研究[C]//中央民族大学历史系．民族史研究：第三辑．北京：民族出版社，2002．周毓华．羌族原始宗教中的“释比”[J]．西藏民族学院学报（哲学社会科学版），2000,4．

② 周毓华．“释比”研究[C]//中央民族大学历史系．民族史研究：第三辑．北京：民族出版社，2002．周毓华．羌族原始宗教中的“释比”[J]．西藏民族学院学报（哲学社会科学版），2000,4．

③ 周毓华．“释比”研究[C]//中央民族大学历史系．民族史研究：第三辑．北京：民族出版社，2002．周毓华．羌族原始宗教中的“释比”[J]．西藏民族学院学报（哲学社会科学版），2000,4．

典承担着记载信仰习俗并解释风俗来历的重要任务。羌族的许多民俗习惯能够保存至今，在很大程度上要归功于释比经典的世代传承。羌族的释比经典有《赤吉格补》《木姐珠与斗安珠》《羌戈大战》《丧葬歌》和《请神经》等，许多都与宗教信仰有关，其中涉及的神和英雄也是羌族信仰中崇拜的神灵；而羌族的信仰习俗常常以经典作为自己的理论证明，阐释和说明诸多神灵的来历，成为神灵崇拜的重要依据。如释比经典《羌戈大战》就是羌族人民的英雄史诗，其中保存了不少羌族人远古时期珍贵的历史资料，以艺术的形式曲折地反映了羌族古代社会的历史进程[①]，包括羌族人被迫西迁、打败戈基人的史实。

释比的法事活动源远流长，丰富神奇，以人的根本利益为中心，来调节人、鬼、神三者之间的关系。[②]释比作法时往往施用巫术，常见的有踩犁铧头、耍火链、打油火、坐红锅、翻刀山等。在羌族的宗教祭祀活动中，常见的是祭天神，较隆重的则是祭山神。祭天会由释比主持，一般以寨或联寨为单位，是祈丰年的祭祀活动，于每年农历正月（岁首）、五月（播种）、十月（秋收）在村寨附近的神林中举行。

随着时间的流逝，丰富多彩的羌族释比文化已濒临绝境。目前国家民委已组建了释比文化研究机构，下达了羌族释比经典的编撰任务，在羌族聚居地开展了调查研究、搜集整理工作，积极抢救与保存释比经典、剪纸艺术等羌族文化瑰宝。

---

① 周毓华．“释比”研究[C]//中央民族大学历史系．民族史研究：第三辑．北京：民族出版社，2002．周毓华．羌族原始宗教中的“释比”[J]．西藏民族学院学报（哲学社会科学版），2000,4．

② 周毓华．“释比”研究[C]//中央民族大学历史系．民族史研究：第三辑．北京：民族出版社，2002．周毓华．羌族原始宗教中的“释比”[J]．西藏民族学院学报（哲学社会科学版），2000,4．

（四）鸳鸯笔下蜀风长——画工占魁首的绵竹年画

绵竹年画又称“绵竹木版年画”，流行于西南地区，多用木版印出轮廓后填色而成，因产于竹纸之乡四川省绵竹市而得名。它与山东潍坊杨家埠木版年画、天津杨柳青木版年画、苏州桃花坞木版年画并称为“中国四大年画”，素有“绵竹三绝”“四川三宝”之美誉。1993年，绵竹市被中华人民共和国文化部命名为“中国年画之乡”。1994年，绵竹年画入选“中国民间艺术一绝”。1997年，绵竹年画荣获第五届中国艺术节金奖。2002年2月，绵竹年画被公布为首批中国非物质文化遗产。

绵竹年画起源于北宋，兴于明代，盛于清代。宋代，由于活字印刷术的发明，木版年画开始在民间广为流行。明清以后，全国范围内形成了包括绵竹在内的中国四大年画制作中心。清代中叶，造纸业不断发展，绵竹成功制作出粉笺纸；年画作坊管理更加完善，分工更加细致；画商购进销出、囤积贩运，起到了重要的媒介作用。因此，乾隆、嘉庆年间，在经济繁荣的背景下，绵竹年画进入鼎盛时期，成立了年画行会“伏羲会”，共有从业人员900多人，作坊300多户，年产年画逾1200万份，产品遍销两湖、陕甘等地甚至远销日本、越南、印度、缅甸等国。民国时，由于受到农村经济衰退、土匪横行、军阀混战等影响，年画作坊、纸厂纷纷被劫乃至倒闭，绵竹年画产业渐趋衰败。中华人民共和国成立后，绵竹年画重获新生，还加入了新的内容及现代艺术的审美趣味。

在绘制风格上，绵竹年画同时继承了唐之前的手工绘制风格与唐之后的雕版印刷风格，构图完整对称，线条古拙流畅，色彩明丽热烈，造型夸张诙谐，多富象征寓意。在纸笔使用上，绵竹年画使用的是当地独有的传统工具——粉笺纸与鸳鸯笔，别具一格。在技法形式上，绵竹年画同时吸取了中国工笔重彩画与传统建筑彩绘装饰的技法，完全用手工方式彩绘线版，不同于其他地区用色版套印年画的方式，具有鲜明的地方特色，这是绵竹年画区别于其他年画的主要特征。

门神画是绵竹年画的主要品种之一。按制作方法绵竹年画可分为“捶墨”（内容多为民俗、名人字画，神话传说）、“落墨”（内容多为神像、戏曲故事）和“填色”（包括明展明挂、勾金等7种）三大类。绵竹年画的制作程序及特色全在于手工施彩和勾线，其创作模式主要有木版套色、印绘结合、完全绘制3种。

自2002年起，每年1至2月，绵竹市都会举办“绵竹年画节”。目前，绵竹年画已先后在美国、英国、法国、日本、智利等30多个国家和地区展出，并被全世界50多家博物馆和数以万计的专家学者、收藏家珍藏。

第五章

文化产业

四川文化读本

一、川菜

川菜是四川知名度最高的特色文化品牌，是中国传统四大菜系之一，拥有深厚的文化底蕴和巨大的消费人群，在国内外享有盛誉。广大群众喜闻乐见的川菜菜品有夫妻肺片、辣子鸡丁、鱼香肉丝、麻婆豆腐、回锅肉、宫保鸡丁、水煮鱼、水煮肉片、东坡肘子、东坡肉、棒棒鸡、泡椒凤爪、川味火锅等。

（一）川菜历史

川菜起源于3000多年前的古代巴蜀地区，历经了商周、秦汉、唐宋，最终在明清及近现代时期成熟定型，成为风格独特、体系完善的地方菜系。

四川人在西汉时就已经形成了“尚滋味”“好辛香”的饮食习俗，如姜、花椒、食茱萸等独具川味特色的调料就已见于当时的典籍。西汉文学家扬雄的《蜀都赋》对川菜进行了详细的介绍，列举了近70种烹饪原料。唐宋时期，得益于四川尤其是成都平原的经济发达与商贸繁荣，川菜蓬勃发展，唐代大诗人杜甫在诗中描述四川“江鱼美可求”，称赞川人善于烹鱼，岷江的丙穴鱼，长江三峡的黄鱼，绵阳一带的鲂鱼、鲤鱼等均味美肉嫩，食之令人口齿留香。巴蜀好烹饪、喜美食的地域风习也熏陶培养出了大文豪苏东坡这样的美食家，“东坡肉”“东坡肘子”“东坡墨鱼”“东坡羹”等著名菜肴相传都与他有关。南宋著名诗人陆游入川为官，也深深地为川菜所折服，他在诗歌《饭罢戏作》里介绍了自己用猪排骨、橙汁、薤泥等原材料制作美食的情况。川菜于明清时期走向成熟，一方面，“湖广填四川”的移民推动了川菜的兼容并蓄，另一方面，川菜还积极引入原产自美洲的原料如红薯、马铃薯、玉米、辣椒等，博采众家之长而自成体系。改革开放以后，川菜广泛地向世界传播，菜品风格更趋多样化、个性化和时髦化。

（二）川菜流派

川菜以麻、辣、鲜、香为特色，以擅长调味而闻名，在麻、辣、甜、咸、酸、苦6种基本味型上，以辣椒、胡椒、花椒、豆瓣酱等为主要调味品，调配出麻辣、酸辣、椒麻、鱼香、怪味等复合味型，最终形成“一菜一格，百菜百味”的风格。

川菜主要分3派，即上河帮、小河帮、下河帮。上河帮川菜流行于以川西成都、乐山为中心的地区，小河帮川菜流行于以川南自贡、宜宾、泸州和内江为中心的地区，下河帮川菜流行于以重庆、万州为中心的地区。上河帮川菜的特点是用料精细考究，严格依循传统经典菜谱，集中了川菜中的宫廷菜、公馆菜等高档菜品，味道较为温和绵厚，颇具文化底蕴，代表菜品开水白菜充分体现出上河帮川菜低调奢华的特色。小河帮川菜由自贡盐帮菜、泸州河鲜菜、宜宾三江菜、内江糖帮菜等组成。由于川南盐商多富豪，食不厌精、脍不厌细，对食品极为讲究，因此小河帮川菜风味独特，高端大气，味尚辛辣，代表菜品有水煮牛肉、冷吃兔等。下河帮川菜流行于以重庆、万州为中心的地区，由于川东一带多山，江流湍急，码头文化兴盛，故培育出热烈张扬的地域性格，与之相适应的下河帮川菜用料大胆、不拘一格，经典菜式有酸菜鱼、泡椒牛蛙、泉水鸡等。

（三）川菜产业

以川菜为主体的传统餐饮产业一直是四川的支柱产业之一。2014年，四川省实现餐饮销售额1671亿元，同比增长10. 1%；2015年四川省餐饮业销售额1768. 4亿元，同比增长12. 2%；2016年四川餐饮消费额为2214亿元，同比增长13. 2%。目前四川省已拥有60余种“中华名小吃”、14个餐饮类“中华老字号”、31个餐饮类“四川老字号”、12个“中国川菜畅销品牌”和百余道全国金牌川菜，6个餐饮企业商标被认定为“中国驰名商标”。

近年来，四川省采取了多种措施大力推动川菜产业转型发展。2011年四川编制发布了《2012—2015年川菜产业发展规划》，提出通过三年努力，使川菜产业发展环境更加优化，产业规模明显扩大，企业集中度和竞争力明显提升，产业整体实力明显增加，成为商贸流通服务业发展的重要支柱，成为推动经济结构转型升级、扩大内需、吸纳就业、带动相关产业发展的重要载体，宣传四川的重要名片，建设西部地区最重要的入境旅游目的地的有力支撑。

四川从川菜产业链的前端、中端、后端入手，大力引导川菜行业树立绿色环保、安全理念，积极推动川菜原辅料绿色化、加工制作绿色化、消费服务绿色化和餐厨垃圾处理绿色化。强化对农副产品质量的安全监管，从源头上保证川菜食材的安全卫生。引导川菜餐饮企业严格采购环节管理，建立并落实食品、食品添加剂及食品相关产品采购索证索票、进货查验和采购记录制度，鼓励餐饮企业建立先进的食品安全管理体系，遵守餐饮服务食品安全操作规范，确保食品安全。

在川菜产业导向和空间布局方面，四川重点打造成都平原中心川菜区、长江流域特色川菜区、川东北特色川菜区、川西北藏羌特色川菜区、攀西亚热带特色川菜区，大力培育壮大龙头企业，实施品牌战略，发展连锁经营模式，努力开拓国内外市场，不断扩大产业规模。鼓励行业大胆创新，不断研发品类丰富、特色鲜明、时尚美观、具有浓厚文化韵味的川菜衍生产品，开发具有人文色彩的东坡菜、大千菜、三国菜等各种系列的菜品，结合青城山、峨眉山作为道教、佛教圣地的优势，开发道教、佛教素食菜品。

在开拓国（境）外餐饮市场方面，四川充分发挥川菜作为全国著名地方菜系的强大影响力，培养川菜大师、名师，开发特色名菜，争创餐饮名店，以名师、名菜、名店推动川菜品牌建设，进一步强化川菜的整体品牌效应，将整个川菜产业打造成全国餐饮业中的名牌、精品。引导川菜企业树立品牌意识，支持川菜企业开展品牌建设，鼓励企业争创“中国驰名商标”“四川省著名商标”等，加快培育具有自主知识产权的川菜知名品牌。

同时，四川积极推动“互联网+餐饮”模式创新发展，鼓励川菜企业进行信息化升级，提供网上推广、在线订餐、电子支付、美食鉴赏等服务，创新营销模式和服务方式，引导川菜“走出去”。鼓励有条件的企业在美国、日本、新加坡、韩国、中国香港等国家和地区开设连锁门店。

此外，四川一直致力于传承川菜文化，出版了《川菜烹饪事典》、《今日川菜》、中英文对照版的《中国川菜》和中、英、法3种文字对照版的《中国滋味——西式厨艺烹川菜》，以及音像版的《中国川菜烹饪工艺规范》，为传承、发扬川菜文化，推动川菜走出国门作出了积极贡献。

二、川酒

四川位居长江上游，是中国水资源最丰富的省份之一，坐拥长江、岷江、涪江、沱江、嘉陵江、赤水河等众多优良水系，非常适宜酿酒业的发展。四川酒业闻名全国，以五粮液、泸州老窖、郎酒、剑南春、沱牌曲酒、水井坊酒“六朵金花”享誉世界，丰谷、文君酒、江口醇、高洲酒等后起之秀也已成长为四川酒业的支撑力量。

（一）川酒历史

四川酿酒历史至少可追溯到3000多年前的古蜀国，广汉三星堆遗址出土的众多酒器充分证明了蜀人酿酒历史的悠久。东晋常璩《华阳国志·蜀志》载九世开明帝“始立宗庙，以酒曰醴，乐曰荆，人尚赤，帝称王”。秦汉时，四川因有都江堰水利工程的灌溉，成为物产富饶、水旱从人的“天府之国”。充裕的五谷食粮，为酿酒提供了丰富原料，使酿酒业快速发展起来。隋唐时期，四川城市商业经济的繁荣以及丰富的自然资源促进了四川酒业的发展。到宋朝时，酒税已成为四川财税的最大来源。据史料，宋代时，蜀中知名的酒品主要有锦江春、鹅黄酒、昌陆酒、郫筒酒等。元代朝廷实行酒禁，但唯独不禁四川。明代时，除成都外，泸州和宜宾两大名酒产地已经形成，各大酿酒作坊蓬勃发展。清代四川酿造工艺日趋成熟，如今的四川名酒多在那时就已经闻名全国。民国以降，四川出现了酒业股份公司，开始着力打造川酒品牌。20世纪80年代，川酒年产量达100万吨，占全国总量的1/8，声誉鹊起。

（二）四川名酒

四川享誉海内外的名酒分别有五粮液、泸州老窖、郎酒、剑南春、全兴大曲、沱牌曲酒、文君酒、江口醇等。

1.五粮液

五粮液产地宜宾，拥有3000多年的酿造历史。从盛唐时期的重碧酒，到宋代的姚子雪曲、明初的杂粮酒，五粮液传承已逾千载，以“香气悠久，味醇厚，入口甘美，入喉净爽，各味谐调，恰到好处，酒味全面”的特点闻名于世。

2.泸州老窖

泸州老窖产地泸州，是中国最古老的四大名酒之一，被称为“浓香鼻祖，酒中泰斗”。其“1573国宝窖池群”于1996年被评为行业首家全国重点文物保护单位，2006年又入选首批国家级非物质文化遗产名录，故其有“双国宝单位”之誉。泸州老窖特曲以“窖香浓郁，清冽甘爽，回味悠长，饮后尤香”的特点闻名古今，具有“浓香、醇和、味甜、回味长”四大特色。

3.郎酒

郎酒产地古蔺县，始酿于清末，从“絮志酒厂”“惠川糟房”到“集义糟房”的“回沙郎酒”，距今已有100多年历史。

4.剑南春

剑南春产地绵竹，前身剑南烧春是正史记载的大唐御酒，唐朝时剑南春荣膺“大唐国酒”并被录入《唐国补史》《后唐书·德宗本纪》，成为唯一被载入正史的当代中国名酒。

5.水井坊酒

水井坊酒产地成都，是一处元、明、清三代川酒老烧坊的遗址，有600

年延续不断的酿酒历史，被誉为“中国白酒第一坊”，并被载入大世界吉尼斯之最。水井坊酒晶莹剔透，窖香浓郁，陈香优雅，幽香绵绵。

6.全兴大曲

全兴大曲产地成都，前身是成都府大曲，史料记载全兴烧坊始建于清代乾隆五十一年（1786年），距今已有200多年的历史。全兴大曲在酿造工艺上采用陈年老窖发酵，发酵期长达60天，蒸酒时掐头去尾，具有酒香醇甜、爽口尾净的特点。

7.沱牌曲酒

沱牌曲酒产地射洪。射洪酿酒历史悠久，早在唐代就酿有名酒。诗人杜甫宦游此地时，曾作诗云“射洪春酒寒仍绿”。射洪泰安作坊始建于唐代，是首批中国食品文化遗产、中国酒文化的活文物。沱牌曲酒传统酿造工艺被评为国家级非物质文化遗产。

8.文君酒

文君酒产地邛崃（古称临邛）。相传西汉才女卓文君为了追求真爱，离开富有之家，与大才子司马相如当垆卖酒，后人称之为“文君酒”。中国白酒界行业泰斗级专家曾给予文君酒“甜润幽雅，蕴含众香”的赞誉。

9.江口醇

江口醇产地巴中。相传古代有一条青龙从泉口跨入巴河，顺流入海，后人在泉口建一龙头，起名“南台神泉”，便是江口醇的发源地。江口醇的传统酿制一直以纯小麦为制曲原料，以纯高粱为酿酒原料，历代酒师将勾兑调校视为酿酒的最高工艺，“勾调派生百法，风情演绎万种”。

（三）川酒产业

四川省白酒产业在全国具有比较优势，整体实力稳居第一。2017年四川白酒企业通过创新营销模式、加强企业管理、改善生产经营，全年实现产量430万吨，完成主营业务收入2470亿元，实现利润290亿元，产业总体规模居全国第一。

近年来，四川省依托“六朵金花”，通过名酒、名镇建设，构建了“川酒+旅游业”的融合发展模式，打造了一批具有国际水准、承载名酒文化的白酒名城、名镇。比如以中国农耕文化为特色的五粮液历史文化街区，以川南民居建筑风格和泸州老窖文化为特色的黄舣镇，承载郎酒文化、以永兴村为核心的二郎国际白酒名镇，以盛唐建筑和剑南宫廷酒文化为特色的剑南镇，以川西风格的老街老巷、酒馆酒亭为特色的水井坊街区，以舍得文化为特色的沱牌诗酒文化名镇，以大巴山文化、红色文化为特色的江口镇，融入了中国西南传统建筑装饰元素的亚洲第一座白酒庄园——文君庄园，等等。

根据《关于推进白酒产业供给侧结构性改革加快转型升级的指导意见》，2020年，四川将力争实现规模以上白酒产业主营业务收入3500亿元，同时争取培育销售收入超千亿元的企业1户、超300亿元的企业1户、超200亿元的企业1户。

三、川茶

四川是茶树的原产地之一，也是人类饮茶、种茶、制茶的起源地之一。四川茶产量位居全国前列，自古就有“蜀土茶称圣”的美誉。

(一)川茶历史

《四川茶叶》称：公元前1000多年的西周初期，巴蜀已发现园庭中有人工栽培的茶树。到秦汉时代，巴蜀栽培茶树渐多。唐代《茶经》统计，全国产茶地共31州，四川有8州，包括今天的彭州、绵阳、眉山、邛崃、雅安、泸州、崇州、广汉等地。宋代大文豪苏轼也曾道：“邛、蜀、彭、汉、绵、雅等州……人户以种茶为生。”

四川不但种茶时间最早，而且拥有如今见于记载的最早的名茶。《华阳国志》载，汉晋时期“什邡县山出好茶”，“南安、武阳皆出名茶”。李肇的《唐国史补》称唐代“茶之名品益久，剑南有蒙顶石花……号为第一”。明末清初，四川茶产量高居全国首位，年产量达3000万斤左右。

川茶也是历朝历代四川与外地进行贸易的主要商品，史载早在公元前316年，川茶就已经开始向中原输出。秦国统一天下后，四川的种茶技术及饮用方法通过剑阁栈道向当时的政治、经济、文化中心陕西、河南等地传播。四川茶商还通过茶马古道将川茶运送到西藏、云南等地。海运路线开通后，四川的茶叶等土特产经广东被运送至东南亚和印度南部等地。

四川也是全国最早饮茶的地区之一，在西汉时期，今四川资中县域内就有人“烹茶尽具”，这也是全世界最早的关于烹茶的记载。今天的四川人依然延续了饮茶的习俗，仅成都就有茶馆3000多家，位居全国前列。

(二)四川名茶

四川名茶有蒙顶茶、文君绿茶、青城雪芽、峨眉竹叶青、川红工夫等。

1.蒙顶茶（蒙顶甘露、蒙顶黄芽）

蒙顶茶是四川蒙顶山各类名茶之总称，其中品质最佳者为甘露、黄芽。蒙顶茶自古为茶中珍品，有“扬子江中水，蒙山顶上茶”之誉。从唐朝至清朝的千余年间，蒙顶茶一直为贡茶，这在中国茶叶史上极为罕见。

2.文君绿茶

文君绿茶产于四川省邛崃市，因邛崃曾有卓文君与司马相如之佳话，故得名“文君”茶。文君绿茶嫩绿油润，冲泡后香气持久，汤色绿亮，鲜醇回甘。

3.青城雪芽

青城雪芽产于都江堰青城山，此地在唐代已是有名的产茶区，宋代设有茶场，并形成了成熟工艺。青城雪芽皆采摘于清明前后数日，以一芽一叶为标准。其茶外形秀丽微曲，白毫显露，冲泡后汤色碧绿明亮，醇爽回甜，香气幽远。

4.峨眉竹叶青

峨眉竹叶青产于峨眉山，主产区为海拔800～1200米的清音阁、白龙涧、万年寺、黑水寺一带。峨眉茶是在总结峨眉山万年寺僧人长期种茶制茶经验的基础上创制而成的。唐代大诗人陆游曾有诗赞“雪芽近自峨眉得，不减红囊顾渚春”，将峨眉茶与顾渚紫笋并论。峨眉竹叶青于1964年由陈毅元帅亲自命名。

5.川红工夫

川红工夫主产区包括宜宾、江津、内江、涪陵以及自贡部分地区，为工夫红茶中的后起之秀。这里的茶树发芽早，比川西早30～40天，故其茶4月即可进入市场。川红工夫呈条索形，肥壮圆紧，显金毫，色泽乌黑油润，冲泡后香气清鲜带桔糖香，滋味醇厚鲜爽，汤色浓亮，叶底厚软红匀。

（三）川茶产业

四川是农业农村部规划的全国名优绿茶和出口茶优势区以及有机、绿色、生态茶叶生产的最适宜生态区。近年来，四川省委、省政府高度重视茶产业发展，把茶业作为脱贫攻坚、富民强省的特色支柱产业。全省共32个茶叶优势县，其中有19个属于国家级或省级贫困县，茶产业发展较好的村都依靠茶产业致富，成为小康村。茶产业为这些地区的脱贫增收、经济发展和社会稳定作出了重要贡献。

据统计，2015年四川全省共有125个县产茶，占全省183个县的68%，其中雅安、乐山、宜宾、成都为主产区。全省已经形成川西名优绿茶、川东北富硒茶、川南工夫红茶、川中茉莉花茶四大优势产业带。全省茶园面积为32. 17万公顷，投产茶园面积24. 37万公顷，茶叶产量25. 97万吨，茶园面积和茶叶产量均位居全国第三。2017年，全省茶产业省级以上重点龙头企业有62家，销售额1亿元以上企业有23家，茶叶专业合作社有867个，种植大户1029户，家庭农场568个。全省拥有12个中国驰名商标，25个四川省著名商标，5家中国名牌农产品企业，42家四川省名牌农产品企业。2017年，“蒙顶山茶”入选“中国十大公共品牌”，书写了川茶品牌历史的新篇章。

四、川盐

四川盛产井盐，这归因于四川特殊的地质构造环境。在两亿年前的中生代三叠纪时期，今日的四川盆地还是一片浩瀚的大海，由于造山运动，西部地区地壳抬升，便形成了四川盆地，海水退去后，其中的浓缩盐卤结晶沉积于地下，成为岩（井）盐。

（一）川盐历史

据传秦国蜀守李冰组织人力开凿了广都盐井（在今双流区东南华阳街道），从而拉开了我国井盐业的序幕。《四川省志·盐业志》记载，早在先秦时代，川人就已经开始利用天然盐泉和裸露在地面的岩盐。20世纪30年代，中国工程师学会对四川进行考察后，在《中国工程师学会四川考察团报告》中描述："川省盐场，始于秦代。"后经魏晋南北朝，川盐产业渐具规模，唐宋时期已经闻名于世，明清时期进一步发展，到清咸丰、同治年间趋于鼎盛。

在四川所有的井盐产地中，最为大家所熟知的是自贡市，世界上最早的深井即开凿于自贡。1939年，自贡因盐设市，成为井盐业中心，其巅峰时，承担了全国40%的食盐生产任务。历代盐工在自贡的贡井、沿滩、自流井等地先后钻了13 000多口井，并钻出了世界第一口超千米的深盐井——燊海井。

（二）川盐遗产

1.陵井

陵井位于今仁寿县境内，据传其由东汉天师道的创始人、道教教主张道陵于汉顺帝年间聚集广大教徒开凿而成。唐代李吉甫在《元和郡县志》卷三十四详细记载了蜀地陵井："陵井纵广三十丈，深八十余丈，益都盐井最多，此井最大。"在宋代时，陵井的盐产量已达200万斤，上交的盐税占陵、绵等10州总数的1/4，陵州也因盐业而富裕昌盛。

2.燊海井

燊海井位于今自贡市大安区长堰塘侧。其于清道光三年（1823年）动工，于道光十五年（1835年）凿成，历时13年，井深1001. 42米。燊海井代表了清代井盐钻凿、天然气采输、采卤、煎盐等传统技艺的最高水平，至今仍完整地保存了碓房、大车房、灶房、柜房等建筑，以及碓架、大车、盐锅、井架、盐仓等设备。

3.卓筒井

卓筒井发明于北宋庆历年间，已经有近千年的历史。今遂宁市大英县境内保留有41口卓筒井，是用直立粗大的竹筒吸卤的盐井，即“凿地植竹，为之卓筒井”。其口径虽小，却能深达数百米。卓筒井是手工制盐的活化石，被誉为“中国古代第五大发明”“世界石油钻井之父”。

4.西秦会馆

西秦会馆位于自贡市龙凤山下的釜溪河边，原是清代陕西籍盐商为联络同乡、聚会议事而修建的同乡会馆，故称西秦会馆，俗称陕西庙。1988年其被公布为中国重点文物保护单位，如今是展示自贡市盐业发展历史的盐业历史博物馆。

5.太和全

太和全位于乐山市五通桥的竹根滩码头，是川南著名的盐商大宅院，为清代光绪年间的大盐商贺永田所建。太和全仿苏州园林风格，天井、亭台、楼榭、廊池、花园、假山等一应俱全，并植有奇花异草，陈列有名瓷名玉。

6.川盐古道

随着四川井盐业的兴盛与繁荣以及川盐贸易的发展，在四川境内及四川与各省间形成了一些因盐而建、因盐而兴的川盐古道。这些古道将四川（含今重庆）各大产盐区与陕西、湖南、贵州、湖北、云南等地联系了起来。盐道上有石板路、栈道、河道、码头、古桥、关隘等，最宽处有2～3米，最窄处仅有50厘米左右。石板上密布着背盐人留下的打杵印。川盐古道是推动地方经济发展、传播巴蜀文化的重要载体，是连接不同地域、促进不同民族文化交流的重要纽带。

图 5-1　川盐古道

五、川灯

彩灯诞生于宫廷，后在民间蓬勃发展。《辞源》释灯为焚骨以取光明者，它驱走黑暗，变夜为昼，是征服黑暗的勇士。四川灯会历史源远流长，早在唐宋时期就有了新年赏灯、燃灯及元宵节前后张灯结彩的习俗。自贡市是全国著名的彩灯之乡。如今，自贡灯会、成都灯会、绵竹花灯等已成为知名的新年节庆活动品牌。

（一）自贡彩灯

自贡彩灯是我国彩灯文化的重要组成部分。自贡因盛产井盐而闻名，当地经济发达，百姓心灵手巧，灯会习俗也长盛不衰。史载南宋淳熙二年（1175年），时任荣州（今荣县）知州的大诗人陆游写下了描绘放灯情景的词句“一别秦楼，转眼新春，又近放灯”。明清时期，赏灯逐渐发展为当地一项独具地域特色的民俗节庆活动。清代时，自贡有“狮灯场市”“灯竿节”等灯节、灯市，后又有了天灯会、五皇灯会、漂河灯、“瞒天过海”、提灯会、放天灯、舞龙灯、戏狮灯、闹花灯等活动。自1964年起，自贡市政府几乎每年都举办自贡迎春灯会，最近数年，自贡彩灯更是走出四川，走向世界，在全世界几十个国家举办了灯展，展示了中国绚烂多彩的彩灯文化。自贡彩灯从中国古典诗、文、书、画中汲取灵感，题材包罗万象，既有民间传说、神话童话、古典名著等，也有外国题材、社会现实题材，以及自贡独有的井盐题材和恐龙题材，再加上现代声光电工艺的运用，融形、色、声、光、动于一体，营造出如梦似幻的意境。

（二）彩灯工艺

自贡彩灯工艺在继承历史传统的同时，融合了多种工艺，包括放样、捆扎、造型、裱糊、焊接、仿真、装饰等多种技艺，以及扎染、刺绣、竹编、剪纸、雕刻、皮影等诸多艺术形式，巧妙利用瓶子、竹编、蚕茧、玻璃、光碟、瓷器、银碗等特殊材料，展现出自贡灯艺师的精湛手艺。

（三）彩灯外贸

在四川对外文化贸易的版图中，彩灯（灯会）占据半壁江山，是推动四川文化走出去的绝对主力。从1990年自贡灯会第一次在新加坡举办起，四川彩灯业就迈出了走出去的步子。经过30年发展，以自贡海天彩灯、中艺彩灯、新亚彩灯等为代表的灯企，获得了良好的国际声誉；灯会足迹已达全球50多个国家和地区的500多个大、中型城市，累计观灯人数逾4亿；“自贡灯会”“东方彩灯”“海天彩灯”等彩灯展会品牌已成为国际知名品牌。为响应“一带一路”倡议，积极同“一带一路”沿线国家进行文化交流与贸易活动，2017年，自贡正式启动了“环球灯会”计划，极大地推动了四川彩灯对外贸易的发展。

第六章

名人乡贤

四川文化读本

一、传说人物

颛顼中国上古部落联盟首领，中华人文始祖之一。其本名乾荒，又称玄帝、黑帝，为黄帝之孙，昌意之子。相传颛顼生于古代蜀地的若水之野，因辅佐少昊帝有功，被封于高阳（今河南省开封市杞县高阳镇）。少昊帝死后，共工与颛顼争夺帝位，颛顼打败了共工并继承王位，号高阳氏。其始都穷桑，又迁都至商丘（今河南省商丘市），最后定都于帝丘（今河南省濮阳市）。《史记·五帝本纪》记载颛顼“静渊以有谋，疏通而知事”。传说颛顼曾掀起了信仰改革。在上古时代，由于生产力水平低下，人们抵御自然灾害的能力极差，因而非常崇信巫史，百姓家家都有人当巫史，也不安心于生产。颛顼为解决这个问题，规定整个部落里只有他的儿子可以祭天，由此，他将神权与王权集中，巩固了自己在部落中的统治地位。

古蜀五祖古蜀历史中5个重要人物，代表了古蜀人经历的5个时代，分别是：蚕丛、柏灌、鱼凫、杜宇、开明。他们的名字最早见于西汉扬雄的《蜀王本纪》和东晋常璩的《华阳国志》。蚕丛氏时以养蚕为特征，是采集时代；柏灌氏时是狩猎时代；鱼凫氏时是渔猎、畜牧时代；杜宇教民耕作，其统治时是农业时代；开明王朝是城市文明初期。古蜀五祖实际上是对古蜀文明演进序列的代称。

禹姓姒，名文命，字（高）密，史称大禹、帝禹，为夏后氏首领。夏禹是颛顼的孙子，其父名鲧，被帝尧封于崇，为伯爵，世称崇伯鲧或崇伯。禹最伟大的功绩就是被世人传颂至今的治理滔天洪水。禹由于治理黄河有功，受舜禅让而即位。禹死后被安葬于会稽山上（在今浙江省绍兴市），如今的会稽山上仍存禹庙、禹陵、禹祠。

二、历史名人

李冰是我国战国时期杰出的水利工程专家，都江堰的设计者和兴建组织者。公元前272年，李冰奉秦昭王之命担任蜀郡太守，任职期间，在岷江流域主持修建了都江堰水利工程。都江堰建成之后，为害成都平原多年的水患得以治理，自此以后“水旱从人，不知饥馑，时无荒年，天下谓之‘天府’也”。都江堰整个工程是由分水堰、飞沙堰和宝瓶口3个主要工程组成的，布局科学，规模宏大，兼有防洪、灌溉、航运3种功能，是世界水利工程史上罕见的奇迹。后世为纪念李冰父子，在都江堰修有二王庙。司马迁的《史

图 6-1　李冰及二郎像

记》、王象之的《舆地纪胜》、吴省钦的《离堆考》等史籍均对李冰组织修建都江堰之事有明确记载。

司马相如（约前179—前118），字长卿，蜀郡成都人，西汉时著名文学家、音乐家和政治家。其年少时喜读书练剑，20多岁就做了汉景帝的武骑常侍，后来辞官投靠梁孝王，为梁王写了著名的《子虚赋》，后又为汉武帝所重用，为武帝作《上林赋》，被封为郎官。他还曾出使西南夷，宣扬大汉声威，平定西南，时有“安边功臣”之誉。司马相如是汉赋作家最杰出的代表，扬雄赞叹他的赋作“不似从人间来，其神化所至邪”，其代表赋作有《天子游猎赋》《哀秦二世赋》《长门

图 6-2　司马相如像

赋》《大人赋》等。相传司马相如与邛崃才女卓文君相识相爱，以一曲《凤求凰》博得美人心，遂结千古良缘。

扬雄（前53—18），字子云，蜀郡成都（今四川省成都市郫都区）人，西汉著名学者，是继司马相如之后西汉最著名的辞赋家，有“歇马独来寻故事，文章两汉愧扬雄”之誉。扬雄年少好学，博览群书，为人平易宽和，性情安静，喜沉思，不慕声名，清静无为。年轻时崇拜大辞赋家司马相如，曾模仿司马相如的《子虚赋》《上林赋》作《甘泉赋》《羽猎赋》《长杨赋》等。《蜀都赋》以成都为描写对象，叙写蜀都地理形势、名胜特产、农贸工商，描绘了一幅引人入胜的蜀都风光、风俗图。扬雄最大的成就不在辞赋，而在思想与哲学方面，他继承了先秦的学术思想并有所发明，对后世思想文化影响十分深远。

落下闳（前156—前87），字长公，巴郡阆中（今四川省阆中市）人，西汉天文学家。汉武帝元封年间朝廷为改革历法，征聘天文学家，落下闳经同乡谯隆推荐，由故乡来到京城长安。他和邓平、唐都等合作创制的太初历法，优于同时被提出的其他17种历法，于元封七年（前104年）冬至正式颁行，一直使用了189年。《太初历》是中国古代第一部比较完整的历法，也是当时世界上最先进的历法。在改创新历的过程中，落下闳承担了天文观测仪器的改制、天象观

图 6-3　落下闳像

察和大量数据的整理推算等主要工作，创制了天文观测仪，即著名的“落下闳浑仪”。该仪器为中国古代重要的宇宙学说——“浑天学说”奠定了理论基础，成为当时关于宇宙结构的先进学说。

常璩（约291—约361），字道将，蜀郡江原（今四川省崇州市）人，东晋史学家。成汉时期，常璩曾担任散骑常侍。永和二年（346年），东晋大将桓温伐蜀，常璩曾劝成汉末代皇帝李势降晋。成汉灭亡后，常璩入晋，受到东晋士族的歧视，于是专注于修史，撰成《华阳国志》。《华阳国志》凡12卷，约分为3个部分，共约11万字，记述了巴蜀地区从远古到东晋穆帝永和三年（347年）的历史、地理、风俗、掌故、人物等全方位的知识，旨在赞誉巴蜀文化悠久、人才济济，以回应东晋士族对蜀人的轻藐。该书资料齐备可靠，叙述得法，文词典雅，是名闻中外、影响深远的史学巨著。《华阳国志》是中国现存最早的系统完备的地方志书，故常璩所开创的志书编纂体例一直为历代编撰地方志者所借鉴。

陈子昂（约661—702），字伯玉，梓州射洪（今四川省射洪市）人，唐代诗人，初唐诗文革新倡导人物之一。因其曾任右拾遗，后世称陈拾遗。陈子昂青少年时轻财好施，慷慨任侠。22岁举进士，以上书论政得到武则天的重视，授麟台正字，后因“逆党”反对武氏而被株连下狱。38岁辞官还乡，被县令段简迫害，冤死狱中，时年42岁。陈子昂的著作有《陈伯玉集》，其中最有代表性的诗作有《感遇》38首、《蓟丘览古赠卢居士藏用》7首、《登幽州台歌》和《登泽州城北楼宴》等。唐代初期的诗歌多沿袭六朝之风，绮靡纤弱，陈子昂挺身而出，力图扭转这种倾向，其《登幽州台歌》的“前不见古人，后不见来者。念天地之悠悠，独怆然而涕下”豪迈慷慨，情感真挚，一反六朝绮靡纤弱之风，成为流传千古的名句，对整个唐代诗歌产生了深远的影响。

李白（701—762），字太白，号青莲居士，又号“谪仙人”，我国伟大的浪漫主义诗人。李白祖籍陇西成纪（今甘肃省天水市），其家于隋朝末年迁徙到中亚碎叶城，李白即诞生于此。5岁时李白随家人迁入绵州彰明县（今四川省江油市）。24岁时，李白只身出川，开始了漫游生涯，南到洞庭、湘江，北至太原、长安，东游齐鲁各地，创作了大量优秀诗篇，诗名满天下。天宝初年，唐玄宗召他进京，供奉翰林，不久便被权贵排挤出京。后来永王李璘因反叛肃宗而被消灭，在其幕中的李白受到牵连，被流放夜郎（在今贵州省境内），中途遇赦放还。后往来于金陵（今江苏省南京市）、宣城（今安徽省宣城市）等地，代宗宝应元年（762年）病死于安徽当涂。李白生活在唐代极盛时期，他的诗想象奇特夸张，意境神秘瑰丽，形成独具一格的豪放超迈风格，被誉为“诗仙”，与杜甫并称 “李杜”，是我国诗歌史上两座不可逾越的高峰。

武则天（624—705），祖籍并州文水（今山西省文水县）。其父曾任职四川利州（今四川省广元市），故其在利州出生、长大，今广元皇泽寺尚有1955年出土的后蜀主孟昶时所立“广政碑”，证明其生于广元。武则天14岁入后宫为唐太宗才人，被皇帝赐号“武媚”。唐高宗时，其初为昭仪，后为皇后，并加尊号“天后”。后武则天自立为帝，定洛阳为都，改称神都，建立武周王朝。武则天是中国历史上唯一一位女皇帝，也是即位年龄最大（67岁即位）的皇帝。神龙元年（705年）正月，武则天病笃，宰相张柬之发动兵变，迫使其退位。唐玄宗开元四年（716年）改其谥号为则天皇后，天宝八年（749年）加谥则天顺圣皇后。武则天曾经创造了19个汉字，如她为自己取名为“曌（zhào）”，意为明月当空、名君当世。武则天颇有诗才，著有《垂拱集》《金轮集》，《全唐诗》存其诗46首。

唐慎微，字审元，原籍蜀州晋阳（今四川省崇州市），北宋著名药学家。唐慎微出身于医生世家，对药学经方深有研究，在多年广泛采集中药材的基础上，于元丰五年（1082年）编撰完成《经史证类备急本草》（简称《证类本草》）30卷，共收药物1746种，其中有近600种是前代药书中未曾记载的，代表了宋代药物学的最高水平。李时珍《本草纲目》的撰写即以此书为基础。唐慎微以个人之力完成如此宏伟精湛的药学巨著，对中医领域的药学影响深远，李时珍评价他："使诸家本草及各药单方垂之千古不致沦没者，皆其功也。"

苏轼（1037—1101），字子瞻，号东坡居士，世称苏东坡、苏仙，四川眉州（今四川省眉山市）人。嘉祐二年（1057年），苏轼进士及第。宋神宗时其曾官凤翔、杭州、密州、徐州、湖州等地。元丰三年（1080年）因"乌台诗案"受诬下狱，后被贬为黄州团练副使。宋哲宗即位

图 6-4　苏轼像

后，苏轼曾任翰林学士、侍读学士、礼部尚书等职，并出知杭州、颍州、扬州、定州等地，晚年因新党执政被贬惠州、儋州。宋徽宗时获大赦北还，途中于常州病逝。宋高宗时追赠其为太师，谥号文忠。苏轼是中国古代文学艺术最高成就的代表，在诗、词、散文、书、画等方面均取得了极高的成就，是中国文学艺术史上罕见的全才。其文汪洋恣肆，明白畅达，与欧阳修并称“欧苏”，为“唐宋八大家”之一。其诗清新豪健，善用夸张、比喻，艺术表现独具风格，与黄庭坚并称“苏黄”。其词开豪放一派，对后世有巨大影响，与辛弃疾并称“苏辛”。其擅行、楷，能自创新意，用笔丰腴跌宕，有天真烂漫之趣，与黄庭坚、米芾、蔡襄并称“宋四家”。其画学文同，论画主张神似，擅长文人画，并“文人画派”的先河。

李焘（1115—1184），字仁甫，号巽岩，眉州丹棱（今四川省丹棱县）人，南宋著名历史学家、目录学家、诗人，唐太宗第十四子曹王李明之后。李焘于绍兴八年（1138年）登进士第，授成都府华阳县主簿，未就任，于丹棱龙鹄山读书。绍兴十二年（1142年）秋，始赴任。李焘富有政治才能，关心民生疾苦，却始终未获重用。淳熙十一年（1184年）李焘逝世，被追赠光禄大夫，赐谥“文简”。李焘博览典籍，有《巽岩文集》《四朝通史》《春秋学》等50多种著述，今存《续资治通鉴长编》520卷、《六朝制敌得失通鉴博议》10卷、《说文解字五音韵谱》10卷，皆被编入《四库全书》。其诗作大多亡佚，《两宋名贤小集》《全宋诗》等录有其诗数首。

魏了翁（1178—1237），字华父，号鹤山，邛州蒲江（今四川省成都市蒲江县）人。魏了翁年少时与兄长们一同入学，聪明异常，每天读书千余言，过目不忘，被视为神童，15岁时即写出《韩愈论》，名震天下。庆元五年（1199年）中进士，官至端明殿学士。魏了翁的大半生处于南宋与金国对峙的时代，救国、御外、忠君的信念始终不移，多次上陈国事，却屡遭贬谪。郁郁失意的生活使他转而寄情哲理和淡泊的生活。他研讨经学，教诲学子，身体力行。他反对当时盛行的“无欲”之说，认为圣贤只言“寡欲”不言“无欲”，指出“虚无，道之害也”；他推崇朱熹理学，但也怀疑朱注各经是否完全可靠；他提出“心者人之太极，而人心已又为天地之太极”，强调“心”的作用，这和陆九渊之说接近。魏了翁能诗词善著文，著有《鹤山集》《九经要义》《古今考》《经史杂钞》《师友雅言》《周易集义》《周礼井田图说》等。

杨慎（1488—1559），字用修，号月溪、升庵、逸史氏、滇南戍史、金马碧鸡老兵等，四川新都（今成都市新都区）人，明代著名文学家，明代三才子之首，东阁大学士杨廷和之子。杨慎11岁即能诗，12岁拟作《吊古战场文》，人皆惊叹。后其入京作《黄叶》诗，为大学士李东阳所赞赏。正德六年（1511年）杨慎状元及第，为有明一代四川唯一一位状元，授翰林院修撰，参与编修《武宗实录》。嘉靖三年（1524年）因“大礼议”受廷杖，谪戍云南永昌卫，并终老于戍所。明穆宗时追赠其为光禄寺少卿，明熹宗时追谥“文宪”，故世称杨文宪。杨慎在滇南30余年，博览群书，潜心著述，于文、词、散曲、音乐等无一不精。今存其诗约2300首，著作有400余种，后人辑为《升庵集》。后世论及明代记诵之博、著述之富，皆推杨慎为第一。其诗沉酣六朝，揽采晚唐，创为渊博靡丽之词，造诣深厚，独立于当时风气之外。

唐甄（1630—1704），字铸万，号圃亭，四川达县人，明末清初的思想家和政论家。唐甄与遂宁吕潜、新都费密合称“清初蜀中三杰”，与王夫之、黄宗羲、顾炎武并称明末清初“四大著名启蒙思想家”。他的社会政治启蒙思想，集中反映在他历时30年著成的《潜书》中。是书原名《衡书》，“衡”有“志在权衡天下”之意，后改名为《潜书》。《潜书》共有97篇论文，分为上下两篇。上篇论学术，重在阐发“尽性”与“事功”相互统一的心性之学；下篇论政治，旨在讲求实治实功抑尊富民的治世之术。《潜书》奠定了唐甄在清初启蒙思潮中的学术地位，对当时的儒学思想发展产生了十分深远的影响。

张问陶（1764—1814），字仲冶，号船山，四川遂宁人，清代杰出诗人、诗论家、书画家。其因故乡四川遂宁城郊有一座形如船的小山，名曰船山，便自号船山，又因善画猿，故自号“蜀山老猿”。乾隆五十五年（1790年）进士，曾任翰林院检讨、江南道监察御史、吏部郎中。后出任山东莱州知府，辞官后寓居苏州虎丘山塘，晚年遨游大江南北。撰有《船山诗草》，存诗3500余首。其诗天才横溢，价重鸡林，与袁枚、赵翼合称清代“性灵派三大家”，被誉为“青莲再世”“少陵复出”，又与李调元、彭端淑合称“清代蜀中三才子”。其中，张问陶成就最大，袁枚称其为清代“蜀中诗人之冠”，彭端淑次之，李调元第三。今遂宁市船山区即以张问陶之号命名。

李调元（1734—1803），字羹堂，号雨村，别署童山蠢翁，四川罗江县人，清代四川戏曲理论家、诗人。李调元出身书香世家，5岁即读“四书”《尔雅》等书，记忆力非凡，过目不忘，被誉为“神童”，7岁即能属对吟诗。其于乾隆二十八年（1763年）进士及第，被钦点为翰林院庶吉士，授吏部文选司主事，乾隆五十年（1785年）遭诬罢职回到四川，归隐于醒园。李调元颇负诗才，为“清代蜀中三才子”之一，著有《童山诗集》40卷。他最主要的成就在于戏曲，撰写了戏曲理论著作《曲话》《剧话》等。李调元主张宗法元人朴素自然的风格，反对曲词宾白的骈丽堆砌的时尚，间有对剧作本事的考证，为戏曲史研究提供了资料。

刘沅（1767—1855），清代四川学者，是历史上少有的被人奉为“教主”的学问大家，其著作《槐轩全书》以儒学元典精神为根本，融道入儒，会通禅佛，体大精深，为鸿篇巨制；又创立槐轩学派，名震一时。他在医学上也颇有成就，是名医郑钦安的老师，被后世尊为“火神之祖”。中国中医药出版社出版有《火神之祖——槐轩医学全书》。

赵熙（1867—1948），字尧生，号香宋，四川荣县人。赵熙25岁时即中进士。光绪二十四年（1898年）戊戌变法事败，他不畏强暴，挥毫作诗，痛悼刘光第等志士，以表对“维新者”之崇敬。赵熙在辛亥革命后回籍，隐于故乡，靠着“才高八斗，学富五车”，以遗逸自居，他工诗、善书，间亦作画，诗篇援笔而就，风调冠绝一时，著有《香宋词》《香宋诗钞》等。赵熙书法功力深厚，其字秀逸挺拔，融诸家于一体。乌尤寺遍能和尚少年时曾是赵熙的学生，故赵熙常去乐山乌尤寺客驻治学，并写了不少诗文。今乐山乌尤寺、凌云寺的赵熙题咏不胜枚举，其中乌尤寺钟鼓亭外壁所嵌14通石碑上的《般若波罗蜜多心经》和尔雅台上的《尔雅台记》石碑为赵熙书法作品之最优者。

廖平（1852—1932），初名登廷，字旭陵，号四益，四川井研县人。廖平幼年家境贫困，因而发奋苦读，夜晚常立于寺庙大殿中，借神灯照读。其无钱买书，常借读借抄，甚至于废纸中寻觅断页残篇阅读。清同治十三年（1874年）廖平参加院试，受四川学政张之洞赏识，被录为第一。光绪十五年（1889年）中进士，任湖北某县知事，以母年老请改教职，任龙安府（治今平武县）教谕，后历任射洪县训导，绥定府（治今达县）教授，尊经书院襄校，嘉定九峰书院、资州艺风书院、安岳凤山书院院长以及四川国学学校校长等职。廖平为公认的晚清著名经学大师，一生研治经学，融贯中西，光绪七年（1881年）注《春秋穀梁传》，次年成《穀梁集解纠谬》两卷和《公羊何氏角诂十论》，在中国近代学术界占有极其重要的地位。

郭沫若（1892—1978），生于乐山沙湾，原名郭开贞，字鼎堂，号尚武，乳名文豹，“沫若”为第一次发表诗作时的笔名，取流经家乡的沫水（大渡河）、若水（青衣江）哺育自己成长之意。郭沫若是我国现代著名文学家、历史学家、新诗奠基人、中国科学院首任院长、中国科学技术大学首任校长、苏联科学院外籍院士。1914年，郭沫若留学日本，在九州帝国大学学医。1918年春创作第一篇小说《牧羊哀话》，1918年初夏创作第一首诗《死的诱惑》。1919年五四运动爆发，他在日本福冈投身于新文化运动，写出了《凤凰涅槃》《地球，我的母亲》《炉中煤》等诗篇。1921年6月，他出版了第一部新诗集《女神》，后还创作了《新华颂》《东风集》《蔡文姬》《武则天》《李白与杜甫》等作品。1949年郭沫若当选为中华全国文学

图 6-5　郭沫若

艺术会主席，先后担任中国科学院哲学社会科学部主任、历史研究所第一所所长、中国人民保卫世界和平委员会主席、中日友好协会名誉会长、中国文联主席等要职，当选中国共产党第九、第十、第十一届中央委员，任第二、第三、第五届全国政协副主席。

傅增湘（1872—1949），字沅叔，别号双鉴楼主人、藏园居士等，四川省江安县人，中国近代著名藏书家。光绪二十四年（1898）进士，选翰林院庶吉士。1917年12月至五四运动前，其曾入内阁任教育总长。傅增湘一生藏宋金刻本150种，4600余卷；元刻善本数十种，3700余卷；明清精刻本、抄本、校本逾20万卷，是晚清以来继皕宋楼陆心源、八千卷楼丁丙、海源阁杨氏、铁琴铜剑楼瞿氏之后的又一大藏书家。其无论是在藏书、校书方面，还是在目录学、版本学方面，都堪称一代宗主。

李劼人（1891—1962），原名李家祥，常用笔名劼人、老懒、懒心、吐鲁、云云、抄公、菱乐等，四川成都人，是中国现代具有世界级影响力的文学大师之一，也是中国现代重要的法国文学翻译家、知名社会活动家、实业家。1912年，发表处女作《游园会》。1919年，赴法国留学。1924年，任《四川群报》主笔、编辑，《川报》总编辑。1926年春，李劼人邀王怀仲、卢作孚等10人在乐山合资筹办机器造纸厂，1927年造纸厂建成并开工，正式定名为“嘉乐造纸厂”。1938年，该厂更名为“嘉乐制纸厂股份有限公司”，任董事长。1940年，任纸厂董事长兼总经理，特聘马寅初为经济顾问。该造纸厂满足了抗战时期四川作为大后方的用纸需要，为抗

图 6-6　李劼人

战时期的文化传播作出了贡献。中华人民共和国成立后，李劼人曾任成都市副市长、四川文联副主席等职。李劼人的代表作有《死水微澜》《暴风雨前》和《大波》。

巴金（1904—2005），原名李尧棠，字芾甘，曾用笔名有佩竿、极乐、黑浪、春风等。巴金祖籍浙江嘉兴，出生在成都的一个封建官僚家庭里，是中国著名的文学家、翻译家和社会活动家。五四运动后，巴金深受新文化的影响，开始了个人的反封建斗争。1923年，巴金离开成都远赴上海、南京等地求学，开启了逾半个世纪的文学创作生涯。巴金在“文化大革命”后撰写的《随想录》，内容朴实、感情真挚，充满着对“文化大革命”的反思、自省与忏悔，故被誉为“20世纪中国文学的良心”。

王光祈（1892—1936），字润玙，笔名若愚，四川成都人，著名音乐家和社会活动家。1920年赴德国攻读政治经济学。1927年入柏林大学攻读音乐学。1934年以论文《论中国古典歌剧》获波恩大学博士学位。王光祈的研究开启了东方民族音乐研究之先河，其著作有《东方民族之音乐》《欧洲音乐进化论》等。

张大千（1899—1983），原名正权，后改名爰，字季爰，号大千，别号大千居士，或署“蜀人张大千”，四川内江人，中国著名国画大师、书法家。张大千出身于内江望族，母亲曾氏为大家闺秀，善绘事。在母亲的影响下，张大千兄弟很早就开始学习绘画技艺。其创作“包众体之长，兼南北二宗之富丽”，集文人画、作家画、宫廷画和民间艺术为一体，于中国画之人物、山水、花鸟、鱼虫、走兽，无所不能，无一不精。其书法亦劲拔飘逸，外柔内刚，独具风采。他与二哥张善子创立了“大风堂派”，是20世纪中国画坛最具传奇色彩的泼墨画派。20世纪50年代，张大千游历世界，曾与西班牙抽象派画家毕加索交游切磋，被西方艺坛赞为“东方之笔”。因其诗、书、画与齐白石、溥心畲齐名，又分别被称为“南张北齐”和“南张北溥”，其还与黄君璧、溥心畲并称“渡海三家”。

三、入蜀名人

文翁（前187—前110），名党，字仲翁，庐江郡舒县（今安徽省庐江县）人，西汉循吏，公学始祖。文翁年少好学，通晓《春秋》，任小吏时被考察提拔。汉景帝后期，其任蜀郡太守，见蜀地文化落后，便选送了张叔等10多个聪敏有才的小官吏至京城就学于太学博士。几年后，他们学成归来，文翁委以要职，并加以考察提拔，这大大提升了蜀地的文化教育水平。文翁还在成都兴“石室”，办地方“官学”，招下县子弟入学，规定入学者免除徭役，以成绩优良者补郡县吏，从而促进了当地文化的发展。班固在《汉书》中评论说：“至今巴蜀好文雅，文翁之化也。”

诸葛亮（181—234），字孔明，号卧龙，琅琊阳都（今山东省临沂市沂南县）人，三国时期蜀国丞相，杰出的政治家、军事家、文学家。诸葛亮早年在襄阳隆中隐居，后经刘备三顾茅庐出山，提出“联孙抗曹”。在诸葛亮等人的策划、组织下，孙刘联军于赤壁之战大败曹军，遂形成魏蜀吴三国鼎足之势。后又助刘备夺占荆州，攻取益州，夺得汉中。蜀章武元年（221年），刘备在成都建立蜀汉政权，诸葛亮为丞相，主持朝政。刘备去世后，蜀后主刘禅继位，诸葛亮被封为武乡侯，领益州牧，辅佐后主，勤勉谨慎，赏罚严明，鞠躬尽瘁，死而后已。其于蜀建兴十二年（234年）病逝于五丈原（今陕西省宝鸡市岐山境内）。刘禅追封其为忠武侯，后世常以“武侯”尊称诸葛亮。诸葛亮颇具文才，散文代表作《出师表》《诫子书》为千古名篇。诸葛亮是中国传统文化中忠臣与智者的典型代表。

李德裕（787—850），字文饶，赵郡赞皇（今河北省赞皇县）人，唐代政治家、文学家、战略家。李德裕早年以门荫入仕，历任校书郎、监察御史、翰林学士、中书舍人、西川节度使、兵部尚书、淮南节度使等职，历仕宪宗、穆宗、敬宗、文宗四朝，为牛李党争中李党的领袖。太和四年（830年）秋，在牛李党争中被排挤出京的李德裕被外放四川，任检校兵部尚书兼成都尹充剑南西川节度使，兼任新繁县令。李德裕坐镇新繁，命人开凿湖泊，引青白江之水入园，修建了一座大型园林——东湖；又在薛城修建筹边楼，以抵御边患盗寇。李德裕死后，历朝历代对他都评价甚高，李商隐《会昌一品集》誉其为“万古良相”，近代梁启超更将他与管仲、商鞅、诸葛亮、王安石、张居正并列，称其为封建时代“六大政治家”之一。

杜甫（712—770），字子美，号少陵野老，后世称其杜拾遗、杜工部，也称他杜少陵、杜草堂。杜甫是唐代伟大的现实主义诗人，与李白合称“李杜”。杜甫原籍湖北襄阳，后徙河南巩县。其一生关心民生疾苦，怀抱“致君尧舜上，再使风俗淳”的宏伟理想，被后人尊称为“诗圣”。他的诗因记录了那个战乱年代普通百姓的真实生活，又被称为“诗史”，代表作《登高》《春望》《北征》和“三吏”“三别”等名垂青史。乾元二年（759年）杜甫弃官入川，生活相对安定，创作了大量诗歌，其一生共创作1400多首诗，其中有400多首创作于成都。杜甫诗歌总体风格沉郁顿挫、含蓄蕴藉，但也有豪放不羁的一面。杜甫对中国文学和日本文学都产生了深远的影

图 6-7 杜甫像

响，其诗作大多集于《杜工部集》。

韦皋（746—805），字城武，京兆万年（今陕西省西安市）人。于大历时任监察御史，后任营田判官。建中四年（783年）镇守陇州，次年升任左金吾卫将军，迁大将军。贞元元年（785年）任剑南西川节度使。任职四川期间，他致力于维护边境安全，先是与南诏通好，后又多次击败吐蕃，收复嶲州（今四川省西昌市）等地。他对四川的民生发展也有一定贡献，但因赋敛颇重而招人诟病。顺宗时王叔文等干政，韦皋要求兼领剑南三川，未成，即上表请太子（宪宗）监国，不久暴病而亡。

薛涛（约768—832），字洪度，京兆长安（今陕西省西安市）人，唐代女诗人，著名乐伎。薛涛幼年随父郧流寓成都，八九岁能诗，后父死家贫，16岁入乐籍。薛涛知音律，工诗词，先后与韦皋、元稹有过很深交往，脱离乐籍后，终身未嫁，后定居浣花溪。薛涛常用自制桃红色小笺写诗，后人称之为“薛涛笺”。其与鱼玄机、李冶、刘采春并称“唐代四大女诗人”，与卓文君、花蕊夫人、黄娥并称“蜀中四大才女”。薛涛流传至今的诗作有90余首，收于《锦江集》。

韦庄（约836—910），字端己，京兆杜陵（今陕西省西安市）人，晚唐诗人、词人，五代时前蜀宰相，苏州刺史韦应物四代孙。韦庄早年屡试不第，直到乾宁元年（894年）年近六十时才得中进士。后唐昭宗命韦庄为判官，使其奉使入蜀。天复元年（901年）再次入蜀为王建掌书记，自此终生在蜀为官。天祐四年（907年）王建称帝，韦庄官至吏部侍郎兼平章事，卒谥文靖。宋代张唐英撰《蜀梼杌》曾高度评价韦庄为官“不恃权，不行私，惟至公是守，此宰相之任也”。韦庄工诗擅词，与温庭筠并称“温韦”，同为“花间派”代表词人。其词多写自身的生活体验和上层社会之冶游享乐生活及离情别绪，善用白描，词风清丽。其作品也有部分反映现实疾苦的，如长诗《秦妇吟》反映了战乱中妇女的不幸遭遇，与《孔雀东南飞》《木兰诗》并称“乐府三绝”。韦庄著有《浣花集》10卷，后人又辑其词成《浣花词》。

张咏（946—1015），字复之，号乖崖，谥号忠定，濮州鄄城（今山东省菏泽市鄄城县）人，北宋初期“三大名臣”之一。张咏年少任侠，精于剑术，好打抱不平。其墓志铭载：“（咏）自少学剑，遂精其术，无敌于两河间。”名臣韩琦为张咏撰写的《神道碑》亦云：“生平勇于为义，遇人艰急，苟情有可哀，必极力以济，无所顾惜。”其在太平兴国年间考中进士，累官枢密直学士、礼部尚书。张咏诗文俱佳，其文集被命名为《张乖崖集》。为政方面，张咏以治蜀著称，太宗淳化五年（994年），张咏第一次知成都府事，致力于平定四川内乱，与民休养生息。数年后又担任益州知州，这一次，他将民间流通的“交子”规范化，使之成为世界上流通最早的纸币。

赵抃（1008—1084），字阅道，号知非子，衢州西安（今浙江省衢州市）人，北宋名臣。其于景祐元年（1034年）登进士第，历任武安军节度推官，崇安、海陵、江原知县，泗州通判，殿中侍御史，益州知州等职。治平元年（1064年），以龙图阁直学士再知成都。宋神宗即位后，其官至右谏议大夫、参知政事。晚年历知杭州、青州等地。元丰二年（1079年），以太子少保致仕，死后被追赠太子少师，谥号清献。赵抃在朝为官不避权势，时称“铁面御史”。其平时以一琴一鹤自随，为政简易，日所为事，夜必衣冠露香以告于天。有《赵清献公集》传世。

黄庭坚（1045—1105），字鲁直，号山谷道人，洪州分宁（今江西省修水县）人，北宋著名文学家、书法家。宋治平四年（1067年），黄庭坚考中进士，任汝州叶县县尉。熙宁初参加四京学官考试，由于应试文章最优秀，被任命为国子监教授。黄庭坚工诗善文，苏轼偶然看到他的诗文，以为他的诗文卓然绝尘于千万诗文之中，惊为天人，由此，他的诗名遂为天下人所知。黄庭坚为江西诗派的开山之祖，与杜甫、陈师道、陈与义合称“一祖三宗”，又与张耒、晁补之、秦观皆游学于苏轼门下，合称“苏门四学士”。其诗歌与苏轼齐名，并称“苏黄”；书法亦独树一帜，为“宋四家”之一；词亦受人称赞，著有《山谷词》，可谓诗、书、词、文大家。黄庭坚曾被贬涪州、宜宾，与蜀地文人墨客吟诗作赋，畅怀作乐。他在蜀中讲学不倦，为四川文化教育发展作出了一定贡献。

陆游（1125—1210），字务观，号放翁，祖籍越州山阴（今浙江省绍兴市），尚书右丞陆佃之孙，南宋著名爱国诗人、史学家。陆游生于北宋灭亡之际，年少时即怀爱国报国之心。宋孝宗即位后，被赐进士出身，历任福州宁德县主簿、隆兴府通判等职。乾道七年（1171年）任职于南郑幕府。次年，幕府解散，陆游奉诏入蜀，开启了自己在蜀地的几年宦游生活，在四川多地留下了不少歌咏蜀地山水风光的诗词作品。陆游一生笔耕不辍，诗、词、文皆有很高成就。其诗语言平易晓畅、情感真挚动人，兼具李白的奇伟奔放与杜甫的沉郁苍凉，尤以饱含爱国热情而对后世影响深远；其词与散文成就亦高，刘克庄《后村诗话续集》谓其词“激昂慷慨者，稼轩不能过”。有手定《剑南诗稿》85卷，收诗9000余首，又有《渭南文集》50卷（其中包括《入蜀记》6卷，词2卷）、《老学庵笔记》10卷及《南唐书》等作品。其书法遒劲奔放，存世墨迹有《苦寒帖》等。

范成大（1126—1193），字至能，早年自号此山居士，晚号石湖居士，平江府吴县（今江苏省苏州市）人，南宋名臣、文学家。宋高宗绍兴二十四年（1154年）登进士第，累官礼部员外郎。淳熙二年（1175年），受任敷文阁待制、四川制置使，总揽四川军政大权。范成大在蜀短短两年内，招揽人才，减轻徭赋，整顿军队，消除匪患，与民同乐，政绩斐然，深受百姓爱戴。淳熙四年（1177年）五月他离开成都时，自发送行者人数之多、送行距离之远，当世罕见。其与好友兼下属陆游分别时，“至挥泪失声”。范成大工诗善文，其诗平易畅达、清新妩媚，以反映农村田园生活的作品成就最高。其与杨万里、陆游、尤袤合称南宋“中兴四大诗人”，著有《石湖集》《揽辔录》《吴船录》《吴郡志》《桂海虞衡志》等。

余玠（1199—1253），字义夫，号樵隐，蕲州（今湖北省蕲春县）人，南宋名将。余玠少为白鹿洞诸生，后投淮东制置使赵葵幕下。嘉熙年间，余玠知招信军，于汴城、河阴、安丰相继战败蒙古军。淳祐元年（1241年），其出任四川安抚制置使、四川总领兼夔州路转运使。余玠在蜀期间，构筑了山城防御体系，以抗击蒙古军。从淳祐三年（1243年）到淳祐四年（1244年），余玠所部与蒙古军进行了大小36战，战绩彪炳。后又率军北攻兴元府，还击退了进扰成都、嘉定的蒙古军。余玠受任于南宋危难之际，竭力经营巴蜀，为支撑南宋王朝半壁河山作出了杰出贡献。宝祐元年（1253年），宋理宗听信谗言，召余玠回朝。余玠闻召不安，暴卒于四川。理宗为其辍朝，特赠五官。

朱椿（1371—1423），明太祖朱元璋第十一子，洪武十一年（1378年）受封为蜀王，洪武二十三年（1390年）就藩成都。朱椿博学多才、性情温厚，《明史》评价他“博综典籍，容止都雅”，朱元璋赞其为“蜀秀才”。朱椿在今天成都红照壁一带修建了规模宏大的蜀王府，即今成都人所谓“古皇城”，还沿锦江修建了筹边楼、望江楼、散花楼。朱椿还在成都大力兴办教育，聘请当时著名的儒学大家方孝孺来川讲学，为元末明初四川教育事业的复兴作出了重要贡献。

方以智（1611—1671），字密之，南直隶桐城（今安徽省桐城市）人，明代著名思想家、哲学家、科学家。明末四公子（复社四公子、金陵四公子）之一，清桐城派奠基人。方以智一生极富传奇色彩，青年时期曾随父宦游，至四川嘉定，在四川做过断事之官，被称为“断事方”。成年后泛游东南，遍访藏书大家，广交社会名流，参与复社活动。崇祯十三年（1640年）中进士，被授翰林院检讨。李自成攻入北京后，崇祯于煤山自尽，方以智因哭灵被捕。后乘隙南逃，流落岭南，以明遗臣自命，志在恢复明统。后方以智参与拥立桂王朱由榔即帝位之事，永历帝即位后，任命其为内阁大学士，

10次下诏，而方以智因不满朝局，皆不拜。顺治七年（1650年）冬，方以智被清军逮捕，终不屈降，被允为僧。方以智有家学渊源，博采众长，一生著述400余万言，存世作品数十种，内容广博，于文、史、哲、地理、医药、物理无所不包。

何绍基（1799—1873），字子贞，号东洲，别号东洲居士，晚号蝯叟，湖南道州（今湖南省道县）人，晚清诗人、画家、书法家。道光十六年（1836年）中进士，被授翰林院编修，历任文渊阁校理、国史馆提调等职，曾充福建、贵州、广东乡试正副考官。咸丰二年（1852年）其任四川学政，为官仅两年，因条陈时务得罪权贵，被斥为“肆意妄言”，受谗降官调职。其遂辞官，创立草堂书院，讲学授徒。何绍基以书法闻名于世，他将书法艺术与人生境界融于一身，将书法精神与时代潮流融于一体，给人以一种“大风起兮云飞扬”的振奋之感，人谓之“有清二百余年一人”。此外他还有《惜道味斋经说》《东洲草堂诗文钞》《说文段注驳正》等著作传世。

王闿运（1833—1916），字壬秋，又字壬父，号湘绮，世称湘绮先生，祖籍江西，生于湖南衡阳西乡，晚清经学家、文学家。咸丰二年（1852年）举人，曾任肃顺家庭教师，后入曾国藩幕府。光绪六年（1880年）其应四川总督丁宝桢之邀入川，担任成都尊经书院山长，廖平和戴光等优秀人才均出自其门下。后主讲于长沙思贤讲舍、衡州船山书院、南昌高等学堂。辛亥革命后，任清史馆馆长。著有《湘绮楼诗集》《文集》《日记》等。

张之洞（1837—1909），字孝达，号香涛，祖籍直隶南皮（今河北省南皮县），生于贵州兴义（今贵州省安龙县），晚清名臣，洋务派代表人物，与曾国藩、李鸿章、左宗棠并称“晚清中兴四大名臣”。其于同治二年（1863年）中探花，被授翰林院编修，官至体仁阁大学士。在同治六年（1867年）到光绪二年（1876年）的10年之内，张之洞三度出任学政或乡试考官，因此被称为精通学务第一人。同治十二年（1873年），37岁的张之洞出任四川学政。在“欲治川省之民，必先治川省之士”理念的驱使下，同治十三年（1874年）张之洞等在成都南校场石犀寺附近创办了尊经书院。尊经书院和先其创办的锦江书院一起构成了四川大学的前身。张之洞主张“中学为体，西学为用”，在洋务运动中曾创办汉阳铁厂、大冶铁矿、湖北枪炮厂等。其著作被辑为《张文襄公全集》。

附　录

附录一：四川文化之最

迄今发现最大的古蜀文化遗址——广汉三星堆遗址。其时间上限被确定为距今5000年。

中国最早的水位尺记事——公元前250年左右蜀守李冰父子主持兴修都江堰时，于玉女房下白沙邮作三石人，立于水中，并记载“水竭不至足，盛不没肩”。

中国最早用于交通的隧道——永平九年（66年）汉中太守鄐君于古褒斜道上凿成石门隧道。

中国现存最早、比较完整的地方志——东晋蜀人常璩所撰《华阳国志》。

中国现存最早的一部妇产科专著——唐代蜀人昝殷著《产宝》（又名《经效产宝》）。是书成于唐宣宗时期。

四川最大、最完整的清真寺——成都皇城清真寺。

四川最大的基督教堂——阆中市圣约翰座堂。位于阆中市保宁镇，由英国传教士盖士利创办，建成于1914年。

四川唯一的孔庙博物馆——德阳文庙博物馆。

四川最高的古塔——邛崃回澜塔。该塔共13层，高75. 48米。

四川现存最古老的佛塔——彭州龙兴寺塔（建于唐代）。

四川规模最大的石窟群——广元千佛崖，共有造像7000余尊。

中国保存最完整的宋代木雕建筑、四川现存最早的木构建筑——江油窦圌山云岩寺飞天藏殿。宋淳熙八年（1181年）建成。

四川保存最多、最完好的石牌坊群——隆昌石牌坊群。

世界上最高的石刻佛像——乐山大佛。高71米，头高14. 7米，头宽10米，颈长3米，肩宽24米，眼长3. 3米，鼻长5. 6米，嘴宽3. 3米，耳长7米。

中国历史上第一部官刻大藏经——《开宝藏》。北宋时雕刻于成都。

四川汉族聚居区唯一的密宗寺院——成都市龙泉驿区茶店镇石经寺。

中国第一座纸类专业博物馆——夹江手工造纸博物馆。1996年开馆。

四川唯一的盐业科技历史博物馆——自贡盐业历史博物馆。1959年开馆。

中国历法史上首部较完整、系统的新历法——太初历。由阆中人落下闳等在西汉汉武帝时期制定。

中国第一座崖墓博物馆——乐山市崖墓博物馆。1994年建成。

中国唯一的单民族、单一社会形态的民族博物馆——凉山彝族奴隶制社会博物馆。1985年建成。

中国第一座羌族历史博物馆——茂县羌族博物馆。1986年创建，1988年11月“羌历节”正式开馆。

中国第一座恐龙博物馆——自贡恐龙博物馆。1986年建成。

世界上最早的纸币——交子。北宋初，四川出现并使用交子。

四川最早铸造的方孔圆钱——邓通五铢。西汉时蜀郡安南人（今乐山市）邓通在古严道（今荥经县）郎山铸造通行的五铢钱。

四川第一位状元——范崇凯（唐玄宗时期）。

四川最后一位状元——骆成骧。资中人，光绪二十一年（1895年）状元及第。

清代四川地方政府最早创刊的日报——《成都日报》。光绪三十年（1904年）11月3日创刊，由四川官报局主办，钱叔楚任社长。

四川最早创刊的妇女报纸——《女界》。1912年6月13日创刊于成都。

四川最早宣传马克思主义的报纸——《人声》（旬刊）。1922年2月7日由王右木在成都创办。

四川最早的电视台——成都电视台。1960年建成试播。

四川最早的通讯社——成都通讯社。1913年创办。

四川第一个农村有线广播站——都江堰市石羊乡广播站。开播于1954年2月。

中国佛教史上第一所高级比丘尼学院——四川尼众佛学院。1983年成立于成都市石羊乡铁像寺内。

中国现存唯一藏族印经院、中国藏族聚居地区规模最大的印经中心——甘孜藏族自治州德格印经院。

四川第一所希望小学——宣汉县希望小学。1990年6月1日在宣汉县花池乡中心小学校挂牌成立。

四川第一所中外合资学校——成都朝日（日本）文化学校。1993年在成都开学。

西南地区第一家民营剧社——锦绣剧社。1999年11月成立于成都。

中国第一座茶业专业博物馆——名山县（今名山区）蒙山茶史博物馆。1999年3月开馆。

中国第一个以竹为主题的博物馆——竹海博物馆。1991年7月22日在长宁建成并正式对外开放。

中国第一部经济年鉴——《四川经济年鉴》（1986年卷）。1987年3月30日在国内外公开发行。

中国第一部矿物学专著——《石药尔雅》。由唐代四川道士梅彪著。

中国最早的一幅春联——“新年纳余庆，嘉节号长春”。这幅春联由后蜀主孟昶在后蜀广政二十七年（964年）春节前夕亲笔写在桃符上。

中国保存汉阙最多的地方——渠县。

四川第一个“茅盾文学奖”获得者——周克芹。1982年获得首届“茅盾文学奖”。

中国最早的大型水利工程——都江堰。建于公元前256至前251年间，由蜀郡太守李冰主持修建。

中国最早的地方官办学校——文翁石室（今成都石室中学前身）。西汉蜀郡太守文翁于公元前141年左右在成都创建。

中国现存最古老的索桥——都江堰市城西岷江上的安澜索桥（古称珠浦桥）。

附录二：四川文化大事记

约公元前21世纪至前11世纪

鱼凫氏建立古蜀王国，建都于今广汉三星堆。此时巴人活动于今汉水上游地区。

约公元前11世纪

巴、蜀从周武王伐纣。西周王朝封其宗姬于巴，为巴子国，亦封蜀为诸侯国。杜宇（望帝）取代鱼凫氏，在蜀建立杜宇王朝，建都于今郫都区。

约公元前7世纪

荆人鳖灵入蜀为相，率民开凿玉垒山治水。其因治水有功而逐杜宇，自立为蜀王（丛帝），建立开明王朝，建都于今双流区境内。

约公元前6世纪

蜀开明王朝迁都今成都市，建立五丁制度。

前400年前后

蜀先民已经开通由今成都经凉山地区至云南而后入缅、印的蜀身毒道，蜀身毒道由灵关道、五尺道、黔中古道、永昌道组成。

约前316年—前311年（周慎靓王五年至周赧王四年）

秦惠王在蜀郡南部僰人聚居区置县级行政机构——僰道，以管理僰人事务。

前314年（周赧王元年）

秦在蜀实行分封制，封公子通国为蜀侯，以陈壮为相，以张若为蜀国守。

前311年（周赧王四年）

张若以“神龟卜址法”选定城址，仿咸阳建制筑成都城。

前256—前251年（周赧王五十九年、秦昭王五十一年至秦昭王五十六年）

李冰为蜀守，主持修筑都江堰水利工程。

前221年（秦王政二十六年）

秦始皇统一全国。设巴、蜀二郡，郡下设县。为开通西南夷，始皇帝下令修筑五尺道（由今宜宾通往云南曲靖）。

前202年（汉高祖五年）

二月，刘邦统一全国。巴蜀归汉。

前156—前141年（汉景帝元年至汉景帝后元三年）

汉景帝时，文翁为蜀郡守，在成都市兴办学校，培养人才，史称“文翁兴学”。

前104年（汉武帝太初元年）

汉武帝颁行由巴郡阆中人落下闳等制定的太初历。

前30年（汉成帝建始三年）

临邛开凿出世界最早的天然气井，盐工开始用天然气煮盐。当时手工钻井的深度已超过百米。

25年（汉光武帝建武元年）

公孙述据蜀称帝，号“白帝”，国号大成（一作成家），史称“大成政权”。益州大部分地区归其统治。

36年（汉光武帝建武十二年）

东汉光武帝刘秀派兵攻大成，公孙述败死，大成灭亡。

221年（魏黄初二年）

刘备在成都称帝，国号汉，史称“蜀汉”。其以诸葛亮为丞相。

713年（唐玄宗开元元年）

乐山大佛始凿，至唐德宗贞元十九年（803年）完成，历时约90年。

755年（唐玄宗天宝十四年）

唐朝发生“安史之乱”。次年，唐玄宗出逃四川避乱，史称“玄宗幸蜀”。

759年（唐肃宗乾元二年）

诗人杜甫流寓成都，筑草堂于浣花溪畔，此后其客居巴蜀各地达10年之久。

944年（后蜀广政七年）

后蜀后主孟昶命人开刻《孟蜀石经》。

964年（北宋太祖乾德二年）

宋太祖赵匡胤派6万大军分道伐蜀。次年，后蜀后主孟昶率众归宋。

971年（北宋太祖开宝四年）

宋太祖命张从信到成都监雕《大藏经》。

980年（北宋太宗太平兴国五年）

司天监学生、巴中人张思训制成新浑仪，名为“太平浑仪”。太宗命人置浑仪于文明殿东南之钟鼓楼，以思训为浑仪丞。

983年（北宋太宗太平兴国八年）

《开宝藏》历时13年雕刻完成，共有刻板13万余块。这是我国佛教史上第一部官刻汉文大藏经。

1001年（北宋真宗咸平四年）

宋朝廷在蜀地设益州路、梓州路、利州路、夔州路，总称“川峡四路”，简称“四川路”。四川由此得名。

1023年（北宋仁宗天圣元年）

宋朝廷在四川设益州交子务。交子为世界上最早通行的纸币。

1074年（北宋神宗熙宁七年）

宋朝廷在蜀地榷茶，设茶马司，运蜀茶到熙河易马，正式开启了中国的官营茶马贸易。

约1083年（北宋神宗元丰六年）

蜀人唐慎微完成药学巨著《经史证类备急本草》。

1129年（南宋高宗建炎三年）

南宋朝廷设川陕宣抚使。中央王朝置官设署总管四川四路政事自此始。

1130年（南宋高宗建炎四年）

川陕宣抚处置使张浚调宋军40万在陕西与金军展开富平之战，后全军覆没。四川从此成为抗金前线。

1236年（南宋理宗端平三年）

蒙古军攻陷全蜀54州，破成都。此后四川常遭蒙古军侵掠。

1241年（南宋理宗淳祐元年）

蒙古军再次大举攻蜀，破成都。次年，四川制置司治所迁重庆。

1257年（南宋理宗宝祐五年）

蒙古确立对成都的统治。

1260年（南宋理宗景定元年、元世祖中统元年）

元世祖忽必烈诏改京兆宣抚司为秦蜀行省。

1278年（南宋卫王祥兴元年、元世祖至元十五年）

安西王相府宣布“川蜀悉平”。

1286年（元世祖至元二十三年）

元朝设置四川等处行中书省，简称“四川行省”，四川建省自此始。

1288年（元世祖至元二十五年）

朝廷迁四川省治于重庆，旋复徙治成都。

1371年（明太祖洪武四年）

明军灭亡大夏，四川归附明朝。

1378年（明太祖洪武十一年）

朱元璋封第十一子朱椿为蜀王。

1600年（明神宗万历二十八年）

明王朝平定播州宣慰使杨应龙发起的大规模武装叛乱。此后，朝廷将杨应龙所据播州改土归流，分属黔、蜀管辖。

1644年（明思宗崇祯十七年、清世祖顺治元年）

张献忠于成都称帝，国号大西，改元大顺，定成都为西京。

1647年（清世祖顺治四年）

张献忠为清军所杀，大西政权覆灭。

1671年（清圣祖康熙十年）

清政府鼓励各省贫民入蜀开垦，湖广等东南各省贫民大规模入川。

1704年（清圣祖康熙四十三年）

四川按察使刘德芳在成都文翁石室旧址上建锦江书院。

1726年—1731年（清世宗雍正四年至九年）

四川等西南数省进行大规模“改土归流”，即改土司为流官并废除土司制度。

1874年（清穆宗同治十三年）

尊经书院在成都成立。

1898年（清德宗光绪二十四年）

5月，宋育仁应聘为成都尊经书院山长后，在成都组织蜀学会，创办《蜀学报》，印行《蜀学丛刊》，鼓吹维新变法。

1901年（清德宗光绪二十七年）

四川省首批官费留日学生22人进入成城学校普通科学习。

9月，日本在重庆王家沱设立租界。

1902年（清德宗光绪二十八年）

川督岑春煊设立四川省学务处，以督办全川学务。

12月，四川通省大学堂（是年创办于成都）更名为“四川省城高等学堂”。

1911年（清宣统三年）

清廷宣布“铁路国有”，四川保路运动兴起。

1918年

四川留法勤工俭学运动兴起。

1921年

王右木在成都组织四川第一个马克思主义读书会。

1924年

吴玉章、杨闇公等20多人在川组建 “中国青年共产党”。

1926年

国立成都大学成立。

1931年

原国立成都大学、国立成都师范大学、公立四川大学合并，成立国立四川大学。

1936年

8月7日，《四川日报》在重庆创刊。

1940年

四川省立图书馆在成都建成。

1950年

西南师范学院成立。

1951年

6月，西南民族学院成立。

10月，华西协合大学被四川省人民政府接收，改名为“华西大学”。

1952年

1—2月，“三反”“五反”运动在四川全面展开。

9月1日，《四川日报》创刊。

9月，四川人民出版社成立。

10月1日，四川人民广播电台成立并开始播音。

11月，四川师范学院（1985年更名为“四川师范大学”） 在南充成立。

1953年

1月，四川省文艺界联合会在成都成立，沙汀任主席。

9月，西南人民革命大学撤销，在其政法系、政教系基础上成立西南政法学院。

1954年

7月，重庆正式并入四川省，由中央直辖市改为四川省直辖市。

1956年

5月1日，中共成都市委机关报《成都日报》刊行（1961年更名为《成都晚报》）。

成都电讯工程学院和成都中医学院成立。四川大学农学院迁雅安独立建校，定名四川农学院（1985年更名为“四川农业大学”）。四川师范学院本科部由南充迁成都，专科部留南充成立南充师范专科学校（1958年升格为南充师范学院）。

1957年

6月，大规模反右派斗争在四川省展开，全省共划定右派分子4万余人。

1958年

9月，四川石油学院在南充成立。

1960年

6月，四川省志编辑委员会成立（1969年撤销，1981年10月设置四川省地方志编纂委员会）。10月，四川大学、重庆大学、成都电讯工程学院被增列为全国重点高校。

1966年

5月5日，中共四川省委决定成立“文化大革命小组”。

6月10日，四川省委发出文件布置在全省开展“文化大革命”，要求所有大专院校一律停课参加运动。

1972年

2月，四川大专院校开始招收“工农兵学员”，且不进行文化考试。

1974年

全省开展“批林批孔”运动。

1977年底至1978年初

按照全国统一部署，四川全省高等院校恢复统一考试招生。

1978年

3月1日，四川大学、重庆大学、成都电讯工程学院、重庆建筑工程学院、四川矿业学院、西南交通大学、四川医学院、西南政法学院被国务院列为四川省第一批恢复教学的重点院校。

四川省社会科学研究院成立（1983年改名为“四川省社会科学院”）。

1979年

1月，中共四川省委决定创办四川广播电视大学。

3月17日，中共四川省委发出《关于落实政策工作中应注意的几个问题的通知》，强调落实政策要有领导、有计划、有步骤地进行，指出当前应抓紧解决“文化大革命”以来的冤假错案，拨乱反正，落实有关农村基层干部的政策。

1982年

四川省委、省政府提出振兴川剧，制定“抢救、继承、改革、发展”的工作方针。

1983年

2月2日，四川省政府批准开办4所宗教院校：四川藏语佛学院、四川尼众佛学院、天主教四川修道院和基督教四川神学院。

巴金文学院在成都成立，这是经巴金同意成立的全国唯一以他的笔名命名的文学院。

1986年

1月，四川省人民政府发布《四川省普及九年制义务教育的实施方案》，将全省214个县（市、区）分为4类，要求在1990年至2000年逐步普及九年制义务教育。同年，全省开始实行初中毕业会考。

5月，广汉三星堆遗址发掘获重大发现。

1989年

2月，巴蜀书社发起并联合全国16家古籍出版社共同组织编纂大型类书

《中华大典》。

1990年

8月25日，红军长征纪念碑落成典礼在松潘举行。

1992年

1月，四川省委、省政府发布《关于大力推进科技进步振兴四川经济的决定》（即“科技兴川50条”），并制定颁布了13个配套政策性文件和“知识分子工作23条”，在全国范围内率先提出“科技兴省”。

3月，四川省学位委员会在成都成立。

7月，世界首家悬棺葬自然博物馆在珙县麻塘坝修建。

8月28日，广汉三星堆博物馆在三星堆遗址奠基。

10月11日，第五届全国书市在成都开幕。

1993年

四川省第一所中外合资学校成都朝日（日本）文化学校在成都开学。

1994年

3月，四川大学和成都科技大学合并为四川联合大学。

3月25日，由四川省社会科学院主管主办的《中华文化论坛》创刊。

1995年

1月1日，由四川日报报业集团主管主办的中国第一份都市报——《华西都市报》创刊。

第四届中国戏剧节在成都举行。

1997年

3月14日，八届全国人大五次会议批准设立重庆直辖市。

9月22日，四川省科教兴川促进会在成都成立。

9月25日，成都国际互联网正式运行。

1999年

四川省省级领导班子领导干部“三讲”（讲学习、讲政治、讲正气）教育开始。

9月11日至18日，首届中国川剧节在成都举行。

2001年

成都金沙遗址发掘出土“太阳神鸟”，其后来被选为中国文化遗产标志。

2002年

四川省文艺评论家协会成立大会召开。

2003年

6月，四川新华发行集团被确定为首批全国文化体制改革试点单位。

2004年

6月9日，四川省委、省政府发布《关于加快文化体制改革和文化产业发展的意见》，提出“深化体制改革，完善运行机制”，“壮大文化产业”。

四川省被确定为全国文化体制综合改革“不是试点的综合改革试点省

份”。省委统一部署，以省本级和区域性中心城市的新闻出版、广播影视、文化演艺领域为重点的综合性改革试点工作全面启动。

2006年

7月，《巴蜀文化通史》编纂工作正式启动。

2007年

5月23日至6月10日，中国成都国际非物质文化遗产节在成都举办。

5月30日，四川新华文轩在香港联交所挂牌，成为国内首家在港上市的出版发行企业。

2008 年

5月12日14时28分，四川省汶川县发生8. 0级地震。此次地震受灾范围包括四川18个市（州）和甘肃、陕西、重庆部分地区，受灾面积超过10万平方公里，直接受灾人口逾1000万。

12月5日，四川省委、省政府召开全面加快灾后文化恢复重建工作会议，提出加快灾后文化恢复重建的总体思路。

2009年

3月11日，四川省博物馆更名为“四川博物院”。

2011年

11月9日，中国共产党四川省第九届委员会第九次全体会议审议通过了《中共四川省委关于深化文化体制改革加快建设文化强省的决定》。

2017年

四川历史名人文化传承创新工程正式启动。7月12日，首批四川历史名人名单公布：大禹、李冰、落下闳、扬雄、诸葛亮、武则天、李白、杜甫、苏轼、杨慎。

2020年

6月5日，第二批四川历史名人名单出炉，包括：文翁、司马相如、陈寿、常璩、陈子昂、薛涛、格萨尔王、张栻、秦九韶、李调元。